／お騒がせ／

モリッシーの人生講座

上村彰子

イースト・プレス

はじめに

モリッシー（Steven Patrick Morrissey）はイギリス・マンチェスター生まれの歌手である。「ザ・スミス（The Smiths）」（１９８２〜１９８７年）というカリスマ的人気バンドのボーカリストとして活動し、バンド解散後から現在にいたるまで30年間以上、ソロ活動を続けている。イギリスの音楽雑誌『Q』の選ぶ「歴史上最も偉大な１００人のシンガー」においては、第30位に選ばれている（２００７年４月）。

２０１２年４月に、モリッシーが10年ぶり、単独では17年ぶりの来日公演をおこなうことにな

った。来日決定を知るやいなや嬉しくてたまらなくなった私は、２０１２年2月1日に『Action is my middle name～かいなってぃーのモリッシーブログ』を開設した。それ以来、モリッシーのことだけを書き続ける偏執的なブロガー「かいなってぃー」となった。シリアスな側面が取り上げられることが多かったモリッシーの面白さや意外な一面を伝え、少しでも彼のファンを増やしたいという思いで、今まで続けている。

そのブログタイトルはモリッシーの歌の題名からとったものだ。ブログ開設という「アクション」が功を奏して多くのモリッシー仲間と出会うことができ、ファン・イベント「モリッシー・ナイト」の主催メンバーのひとりにもなった。13歳でスミスに出会って以来、足かけ30年以上のモリッシーファンである私だが、普段はまったくモリッシーとは関係ない分野でマーケティングやライター、翻訳の仕事をしている。そんな私がブログやＳＮＳを媒介にすることで、全国のファンとつながることができた。

また「モリッシー偏執力」が実を結び、２０１３年にキング・レコードよりライブＤＶＤ『モリッシー25ライヴ（ジャパニーズ・エディション）』の字幕翻訳と解説の仕事をいただいた。「いつかモリッシーに関わる仕事がしたい」と思っていた夢が叶ったのだ。また同年、モリッシーが自伝を発売すると、その日本語翻訳を担当するお話もいただいた。結果から言えば、一度ワールドワイドで翻訳出版をオーケーしたモリッシーが、「やっぱり英語以外の他言語で出版するのダメ〜」と前言撤回したのでお蔵入りになってしまった（強行突破した国もあるが）。私が何か月かにわたり、コツコツ訳していた日本語訳出版はパーになった。つら過ぎるのであまり振り返らないようにしている過去だが、来る日も来る日もモリッシーの難解で冗長な英語の文章に対峙し続けるのは、苦行以外の何ものでもなかった。骨身を削るとはあのこと、ずっと翻訳しているだけで6キロ近く体重が減った。出版中止の知らせは、全体の7、8割方の翻訳を終え、出版社とも最終調整をしている最中だったので、目の前が真っ暗になった。自分の翻訳の苦労はさておき、「こんなにおいしいエピソード満載のものが日本語で紹介されないのは、あまりにもったいない!!」という思いに押し潰されそうになった。

しかし、「何とかしてこのピンチをチャンスに変えないと！　こうしている間にもモリッシーは『アクション！　アクション！』と叫びながら前に進んでいる。これくらいのつらさでめげていたら、モリッシーを好きでなんていられない…！」という思いが、今回この本を書きたいという気持ちにつながった。

スミス時代からモリッシーは、メディアからもリスナーからも「ネガティブ」、「後ろ向き」、「ひ弱」の代名詞のように言われてきた。いまだにそのイメージで語る人も多い。また昨今は、そのセンセーショナルな言動ばかりが取沙汰され、すっかり「気難し屋」、「炎上キャラ」扱いだ。過去のファンさえも「あの人どうしちゃったの」と呆れている。

あの人は、どうしちゃってもいない。彼の立ち位置や主張は、スミス時代から、何ら変わっていない。一貫した独自の人生哲学を変わらず主張し続けている。それを書こうと思った。

今回、モリッシーという人間を構成している要素をとりあげ、彼がどんな考え方、生き方をしているのかを整理した。「学校」「音楽」「ザ・スミス」「性と愛」「居場所」「生と死」「ファッション」「社会」。それぞれのテーマで、モリッシーが実際にはどんな思いで歌を歌っているのか、どんな発言をしてきたのか、そして、彼の音楽や言葉がいかに生きる力を与えてくれるものなのか。「人生講座」という形式で、彼の哲学がわかるようにまとめた。

この本を読んで、「へぇ〜、こんないいことも言ってるんだ」と彼の魅力を知ってもらい、皆さんの人生や考え方に、少しでも役に立つ部分があれば嬉しい。かつてスミスを好きだった人にも、モリッシーがいまだ現役のシンガーであり、そのメッセージは今も変わらずに生き続けていることを知ってもらえれば嬉しい。

上村彰子

お騒がせモリッシーの人生講座　目次

1時間目「学校」

理不尽に屈しない

モリッシーの「学校」ソング3選

♫ **The Headmaster Ritual**（『Meat Is Murder』The Smiths）

♫ **The Teachers Are Afraid Of The Pupils**（『Southpaw Grammar』）

♫ **Because Of My Poor Education**（『Swords』）

58歳の「どん底学校白書」

２０１７年11月17日、モリッシーは11作目の新アルバム『Low In High School』をリリースした。タイトルを翻訳するなら「どん底高校白書」みたいな感じだろうか。ツイッターでは「モリッシーのニュー・アルバムのタイトル、『高校負け組』か！」というコメントも見た。おもしろい訳だが、もし日本語にするなら「負け」とは言いたくないな、と思った。学校時代のモリッシーは散々な目にあってきたが、決して「負け組」に甘んじているわけではなかった。また、人生を通しても敗北を受け容れたことはないと思うからだ。〝low〟と〝high〟を対比させて、学校というものがまったく「ハイ」になれる場所でも、または格式的に「上」のものではない、という意味の〝low〟だと思う。いろいろな解釈はあるだろうが、タイトルにこれを持ってくるということは、今もってなお「学校」での経験にこだわり続けるという意志表明ということだろう。そして、置かれてしまった場所がどん底でも、そこから抜け出すことを心に誓って日々を生きようという「臥薪嘗胆」のメッセージも感じられる。

モリッシーが58歳（２０１７年当時）になってもこだわり続けるように、「学校」は、いい意味でも、悪い意味でも、人の人格形成に与える影響は大きい。子どもから大人になる途中で、何を見て、何を聞いたかが、無意識レベルでもその後の生き方や価値観に大きく関わってくる。だからと言って、モリッシーは単に、「ああ、学校ひどかった、いやだった」と恨みつらみを言い続けているわけではない。彼がそこまでこだわる「学校」は、彼にどのような影響を及ぼしたのだろう？

モリッシーの「学校」に関する思いは、「憎悪」を通り越して「強迫観念」のきらいがある。思えばそれはスミス時代から。私にとっては、日本では1985年3月発売の2枚目のアルバム『Meat Is Murder』に針を落とし、1曲目の「The Headmaster Ritual（校長の儀式）」を聴いた時からなので、ここ33年以上、彼の学校への「恨みつらみ」を浴びていることになる。完璧なイントロが我々聴き手を現在から引きはがし、ぐわ〜んと、恐ろしい70年代のマンチェスターの学校に連れていく。

私がはじめてこの曲を聴いたのは中学2年生になる年。私の通っていた中学は自由だったので、小学校時代の暴力教師たちを思い出した。例えば、赤メガネの図工女教師。授業中おしゃべりをする私の口にガムテープでふたをした。反撃した私が舐めて粘着力を弱くして舌を出していると、鼻から縦にもバッテンになるようにテープを貼った。またはポマードで髪をなでつけた理科教師。反抗する生徒がいると、まわりにいた生徒まで連帯責任で立たせ、左から右に「ウェーブ」と言いながら張り手を食らわした。そんな昭和の日本の小学校教師たちのことはいまだ肯定はできないものの、当時、小学校にまで影響を及ぼしていた「ツッパリ」ブームで反抗的な生徒たちが多く、彼らを罰するという教師たちなりの理由はあったように思う。しかし「The Headmaster Ritual」のなかで、暴力は理由もなく繰り広げられていた。

「週の半ば校庭で／教師は足をぴしゃりと打ち／股間を膝蹴り／顔には肘鉄を食らわせる／夕食の皿より大きな青アザができる」

——「The Headmaster Ritual」

反抗しようものならすぐわしづかみにされ睨みつけられ蹴られるという描写が続き、いかに学校では生徒の人権が無視されているかが描かれている。美しいギターリフに乗せ「家に帰りたい、こんなところにいたくない」という歌詞が、仏教儀礼の声明《しょうみょう》のような響きを持って繰り返される。静かな曲だけに、モリッシーの学校に対する憎悪が切々と伝わり、乾いた生々しさを感じる。その後この歌が、ほぼ実体験に基づいていると知った。

どうしてこんな非道な教育がまかり通っていたのか？　70年代以前は、イギリスにはナショナル・カリキュラムもなければ、学校をチェックする機能もなかったことがひとつの要因だろう。英語、数学、理科などの基礎科目の指導方針は各学校に任されていた。イギリスの教育の伝統は、子どもが学びたいことを学ばせる「児童中心主義」だったと言われているが、それは表向きで、実情は暴力と理不尽の蔓延する独裁国家のようなものだったのか。

1992年の2月、二十歳になったばかりの私は、はじめてイギリスに旅した。モリッシーを、スミスを生んだマンチェスターという場所をこの目で見てみたかった。若さには、行きあたりばったりを可能にする力がある。当時はマンチェスターのロック名所ツアーや名所マップ本のようなものはなかったので、どうやって探そうかなと考えていたら、たまたまロンドン行きの飛行機で会った大学生がスミスファンで、「スミスにまつわる名所特集」のファンジンを見せてくれた。それで写させてもらった住所を頼りに、マンチェスターの市街地図『マンチェスターA to Z』を手に入れ、ゆかりの地をひとつずつまわることにした。そのなかに「セント・メリーズ・セカンダリー・モダン・スクール」があった。

この中学が、あの「The Headmaster Ritual」のモデルか！　恐ろしい校長が出てきて、鞭で追っ払われたらどうしよう!?　と思いながら、マンチェスター、ストレットフォードのレントン・ロードに向かった。ストレットフォードの駅を降りてしばらく歩いたが、住宅街で同じような道が続き、地図を見ても、どちらに行っていいかわからなくなった。ちょうど、前から中学生と思しき集団が歩いてきたので道を聞くと、「今そこから帰ってきた」と笑いながら、私を連れて行ってくれた。皆、きっちりと制服を着た、明るい子たちだった。「どうして学校に行き

モリッシーの母校、マンチェスターのセント・メリーズ・セカンダリー・モダン・スクールと、校舎裏の壁にあったマリア像。（1992年2月18日筆者撮影）

たいの?」とそばかすだらけの男子に聞かれたので「モリッシーの母校を見てみたいから」と答えたが、当時の私のヘタクソ英語では伝わらなかったらしい。それでメモ帳に〝I am a fan of Morrissey〟と書いて見せた。彼らはメモを回し合ってニコニコ見ていたが、誰も「ああ!」とか「そうなんだ!?」という反応はしていなかった。もしかして、モリッシーが卒業生とは知らなかったのかもしれない、もしくはモリッシー自体を知らなかったのかもしれない。

学校に着くと、門が開いていたので、勝手に校内に入り、うろうろした。放課後の校庭には、部活をしているような生徒も先生の姿もまったく見えない。煉瓦造りの校舎から、いつ鞭を持った鬼の形相の教師が走り出てくるかとびくびくしたが、人っこひとりいない。殺風景で、ここで後々まで歌い継がれるようなドラマティックなことが起こったとは思えないようなつまらない所だったが、静かで、平和だった。モリッシーの卒業後、教育改革もされ、普通の学校になったのか。

ふと気が付くと、校舎の壁にマリア像の彫刻があった。古びて汚れてうっすらグレーがかっていて、悲しい顔で、祈りを捧げていた。なんてことなく終わったモリッシー母校詣でであった。しかし、あの壁のマリア様は、ここで起きたことのすべてを、ずっと見てきたのだと思った。

弱い者たちがさらに弱い者を叩く

モリッシーが入学した1970年当時、この学校は意地悪で厳格な教師たちで悪名高かったそうだ。モリッシーいわく、「生き残るために、自分自身を完全に殺して生活しなければならない場所」。教師たちは生徒を口汚く怒鳴り続け、モリッシーの悲しみは、「11歳にして永遠のものとなった」というのだ。

当時の校長ヴィンセント・モーガンは朝会で、朝の祈りを捧げて感謝し、その後ランダムに12人の少年を指さすという。選ばれた生徒たちは横に出て、鞭で打たれるのだ。最初は服装チェックとしてはじまったようだが、その基準は不明瞭で、ほとんどいちゃもん、悪いことをしていない生徒たちを、ただ鞭で打つ。モリッシーも例外ではなく、ある日その12人に選ばれた。モリッシーは、「勇敢な態度」だけは持っていたが、「どう戦っていいかわからなかった」と振り返っている。しかし、単に打たれて「痛かった」で終わらないのがモリッシー、鞭打ちをするモーガン校長の姿を冷静に記憶している。最大の力で革のベルトを振り下すその顔に、モーガンの苦しみと恍惚を見てとった。彼はモーガン校長のやむことのない鞭打ちの背景には、「サディスティックな性欲」があったのではないかと分析している。無実の生徒たちの夢や希望を無視して、「罰することと」に執拗にこだわるモーガン校長の心の闇を見ている。ただ、やられっぱなしではいないのだ。

モリッシーの同級生マイク・ムーアは、当時の学校の目的を「産業社会で働く人間になるためのベルト・コンベア。つまり抵抗せず、受け容れる。そんな人間形成が狙いだった」と語っている（『モリッシー&マー　茨の同盟』）。

体制に抵抗し、個性のかけらでも見せようものなら、その芽はすぐに摘まれる。日本の教育は外国に比べ、個性や違いを認めないからダメという意見を聞くが、そんなのは世界中、多かれ少なかれ同じではないだろうか。人間は、違う者を恐れ、排斥しようとする。違うものやわからないものは怖いし、支配しにくく面倒くさいからだ。

モリッシーは、セント・メリーズのひどい先生たちひとりひとりのことも、生徒たちと同じ「敗者」だと分析している。イギリスの公教育ではかつて、「プライマリー・スクール」と呼ばれる公立小学校を11歳で卒業すると、「イレブン・プラス」という試験を受けることになっていた。ここで成績上位の25%に入ると「グラマー・スクール」と呼ばれる大学進学を前提とした中等教育機関に進学できる。その下の成績の子どもは「テクニカル・スクール」という技術学校に、さらに下位の成績の児童は「セカンダリー・モダン・スクール」という手に職をつけることを目指す学校に割り振られる。子どもたちの未来は、たった11歳で運命づけられてしまうというわけだ。

そんなセカンダリー・モダン・スクールという「敗者」のための学校の教師たちもまた、自分たちのことを不幸だと思い、自暴自棄だったのではないかと分析しているのだ。

モリッシーの学校時代の教師たちの横暴を知って、日本のパンクバンド、ザ・ブルーハーツの「TRAIN-TRAIN」の歌詞を思い出した。

「弱い者たちが夕暮れ／さらに弱い者を叩く」——ザ・ブルーハーツ「TRAIN-TRAIN」

その音がセント・メリーズに響き渡れば、ブルースは加速していく——。教師たちも鬱屈のなかでもがき苦しみ、生徒に負の継承をする。その構図に、加速するブルースに、モリッシーは気づいている。単に一方的な被害者として「やられました！」と文句を言っているのではなく、国、時代、生い立ち、環境、システムそのものへの絶望なので、より深い。自分たちの手に負えない状況に陥ったすべての教師たちが、革ベルトで鞭打ちをしてくる。そんな暴力状況を冷静に見据えたモリッシーは自伝のなかで、

「それは教師の弱さであって、生徒の弱さではない」（『Autobiography』）

と断固として抗議している。「被害者」として泣き寝入りするつもりはないのだ。

モリッシーが敬愛するアメリカの作家であり公民権運動家のジェームズ・ボールドウィンは、黒人に対する不当な扱いについて、「それは黒人の問題ではなく、なぜ白人が（差別すべき）『黒人』が必要だったか、アメリカという国の問題を問うべき」という論を展開していた（２０１６年 映画『私はあなたのニグロではない』）。モリッシーはこれと同じことを見破り、問題視している。なぜ国のシステムのなかで「敗者」が必要だったのか、なぜ敗者による暴力が容認されているのか、そのしわ寄せが学校の子どもたちに向かうのか……。彼の、問題の本質をとらえる「木を見て、森も見る」という姿勢は、この憎むべき小学校生活で、身につけられたものに違いない。

腐ったみかん箱のサバイバー

武田鉄矢主演の人気ドラマ『金八先生シリーズ』が放映されていた80年代の日本は、校内暴力が吹き荒れていた。金八が勤める桜中学3年B組にやってきた転校生の加藤優は、不良グループの番長。優が前に通っていた学校は、不良生徒を腐ったみかんに例え、「腐ったみかんがあるとまわりも腐るから」という論理で彼を追い出した。モリッシーのいた環境はまさに「腐ったみかん」でいっぱいの箱だった。貧困家庭出身で、ろくな教育も受けずに暴力に抑圧されている子どもたちは、「こんな世界から抜け出そう」と考える希望すら持っていない。将来は地元で、自分の親や兄弟が就いているような低賃金労働をする要員になること以外、想像さえできない。そんななかにあってもモリッシーは、他のみかんたちと一緒に腐らず、「絶対に抜け出す!!」と決意して11歳から15歳の中学校生活を送った。

彼がその生き地獄を乗りきれたのには理由がある。モリッシーは、絶望の淵で、音楽に出会ったのだ。音楽を好きになり、自分も音楽で何かを成したい、と思うようになった。1972年、13歳の時に、モリッシーは救世主を知った。デヴィッド・ボウイだ。

「ボウイが現れ、子どもだった私は死んだ。テレビで観た彼の映像は意味深かった。ついに憂鬱で石炭のようにすすけた我々を超越する存在が現れた。私たちに正気を取り戻させ、自覚すべき時が来たのだと告げたのだ」

(『Autobiography』)

自伝のこの箇所の、モリッシーの言葉の力強さが好きだ。書きながらモリッシーも興奮したのか、それまでの「マンチェスターどんより録」とはまるで違う筆致になっている。救いようのない自分たちをここから引き上げる、まさに「スターマン」がやってきたのだ。諦めるとか、不可能とか、そういう思い込みを超越した存在が現れた、喜びの福音のような文章だ。そして、モリッシーもアクションをはじめる。「やってみなはれ！」、そうボウイに背中を押されて。

モリッシーはある朝、ブロンドに髪を染めて学校に登校したのだ。「はじまったぜ、モリッシー！」と思ったが、すぐに教師に見つかり、たちまち家に帰されてしまった。ちょっとしょぼい結果に終わってしまったが、本人としては「やってやった！」という満足感があったはずだ。この挑戦は後に「I Know Very Well How I Got My Name」という曲で歌っている。昔も今も、「非行の兆しは頭髪から」と言われるが、非行ならぬ、自由への「飛行」がはじまったのだ。

同年6月にはTレックスのコンサートに行き、学校の外にある「自由」を知った。同級生の証言によると、モリッシーはマーク・ボランの影響で「うっすら化粧をしていた」とのこと。ティーンエイジャーの彼は、徐々に学校以外の「ここじゃない居場所」があることに気づきはじめていた。

そして翌年、運命のバンドとも言うべきニューヨーク・ドールズに出会う。ニューヨーク・ドールズは1971年にニューヨークで結成したグラムロックやパンクの先駆けとも言えるグループだ。大胆な音楽、ケバケバした女装やセンセーショナルな言動にモリッシーはすっかり痺れてしまった。彼らとの出会いは、暗いイギリスのマンチェスターで、どんよりとした学校生活を送っていたモリッシーにとって「天啓」に近い驚きだったのだ。自伝においてニューヨーク・ドールズについて書いている箇所は、モリッシーの鼻息が聞こえてきそうに、思いがほとばしっており、文の調子もカラフルだ。無機質で単調な毎日が、ドールズとの出会いでガラリと変わった。当時の閉塞した暮らしのなかで、生きている意味をはじめて見出したかのような、彼らの存在そのものが衝撃だったのだろう。「音楽」や「ロックスター」や「性別」という、既成概念とはまったく違うところで自由にやっている彼らを、モリッシーはむさぼるように求めた。その衝撃で他のアーティストたちは古臭く感じられるほどだった。

ドールズに背中を押されたモリッシーはさらにアクションを起こす。彼らのＬＰレコードを学校に持って行く、という挑戦をしたのだ。お高くとまった女性教師がそれを見つけ、クラス全体に見えるように高く掲げ、「これを見なさい！　これは病気です」と言って、教室を出て行ってしまったという。モリッシーはほくそ笑んだろう。ただ教師の暴力や非道に耐え忍んでいるだけの泥沼の日々から、やっと頭を出す術を身につけたのだ。別の日には讃美歌をかけるレコード・プレイヤーにドールズの「Frankenstein」のレコードを置いておき、英語教師にかけさせている。音楽という武器を手に入れたモリッシーは容赦ない。

この頃、モリッシーはとても忙しくなり、学校をサボるようになる。レコード屋に行き、ライブに行く。仲間と知り合い、ファン同士で文通し、雑誌にレビューや記事を投稿する。音楽を楽しむための関係をすべて自力で構築していった。絶望的な学校生活、将来の見えない不安、そん

幼少期から青年期の音楽体験

1965年（6歳）	はじめて買ったレコードは、マリアンヌ・フェイスフルのシングル「Come And Stay With Me」
1971年（12歳）	はじめて買ったアルバムは、Tレックスの『Electric Warrior（電気の武者）』
1972年（13歳）	6月、初ライブ体験はTレックス 9月、デヴィッド・ボウイのライブに行く 11月、ロキシー・ミュージックのライブに行く モット・ザ・フープル、ルー・リードのライブに行く
1973年（14歳）	4月、ロキシー・ミュージックのライブのために学校をサボる 11月、ニューヨーク・ドールズを知り、衝撃を受ける
1974年（15歳）	ニューヨーク・ドールズのレコードを学校に持って行き怒られる
1975年（16歳）	パティ・スミスに出会う
1976年（17歳）	5月、デヴィッド・ボウイを観にロンドンに行く 6月、セックス・ピストルズのマンチェスター初ライブに行く
1977年（18歳）	5月、ラモーンズのマンチェスター初ライブに行く

なものはさておき、どうしても音楽のために生きなくてはならなかったのだ。生きていくための、たったひとつの「動機」とも言えたのがモリッシーにとっての音楽だ。

パティ・スミスが1975年に発表したデビュー・アルバム『Horses』と出会った瞬間について モリッシーは、

「歌とはきっと、本当の自分を示すチャンスを持つ『たったひとつ』の場所だ。今までの殺されたような人生は何も励ましてはくれなかったが、きっとそうだ」

（『Autobiography』）

と、音楽が自分の人生の希望であり救いであることを語っている。またスミスの「Rubber Ring」という曲で、モリッシーはこう歌っている。

「君を泣かせた歌を忘れないで／そして、君の命を救った歌のことを」

――「Rubber Ring」

この〝rubber ring〟とは日本語で言えば「ゴムの浮き輪」のことだ。つらい状況で溺れる人の命を救うゴムの浮き輪、それこそが「音楽」であると言いたいのではないか。また穴のあいた丸い浮き輪、それはモリッシーがいまだ愛し続けるレコードも彷彿とさせる。「音楽」を好きになったことで、彼の命は救われた。浮き輪の穴を覗くと、憧れの「歌手」に続く道も見えたのだろうか。自伝ではこう言っている。

「『Starman』のレコードが一回転さえすれば、病んだ心が癒された。それがなければ、学校に行けなかった」

（『Autobiography』）

モリッシーは2009年、彼のファンであるイギリスのコメディアン、ラッセル・ブランドによるインタビュー「Wrestle with Russell」のなかで「保守的なマンチェスターでの生活や希望のない生活から、音楽を通じて逃げていた」と言っている。逃げでもなんでもいい、生き地獄の絶望のなかでも「光」を見つけることこそが重要だ。

私には学がない

2002年11月4日、アイルランドのロック・ジャーナリスト、デイブ・ファニングに「歌手になったことが、悪夢のような学校生活の『解毒剤』だったのではないか」とラジオのインタビューで聞かれたモリッシーは、「学校生活は本当に本当にショッキングで、まだそれを『乗り越え』られていない」と語っている。いまだ学校生活が夢に出てきてうなされているというのを知って、「そこまでか！」と思った。ファニングに、「学校がひどいというのはよくある話で、自分だけじゃないということは救いにならないのか？」と聞かれ「多くの人間が、学校はちょろかったとか、役に立ったと振り返っていて、自分の受けた教育は良いものだったと思っているのが、心からうらやましくてたまらない」と吐露している。教育と学校からは「暴力」以外は想起させないと。

その後、2008年に作った曲「Because Of My Poor Education」では、「ろくな教育を受けていない」ため、「あなたのお誘いなんて期待していない」、「自分の状況に耐えることができない」と歌っている。学がなくて「ヘンテコなギザギザハート」になってしまったゆえ、「愛情のない人生を送っている」とも歌っている。学がないことと、人からの愛情が受けられないことは一見関係のないように思えるが、モリッシーのなかでは多いに関係している。子どもの頃に安心して身をゆだねる場所も教師もなかった哀しみの傷が深すぎて、人格形成に影響を及ぼし、その後、素直に人との愛情や信頼関係を築くことができなかった、と嘆いているのである。しかし自虐の穴に落ちつつも、「かつて自分のヒーローを発見したと確信した、自分がヒーローを見つけたんだと、おのれに思うことを許した」と、どん底で見えたかすかな光にも言及している。現実はままならないが、あきらめなければ、少しずつでも何かが開けてくると語りかけている。

学校でひどい目に遭ったことは、モリッシーの怨念でありコンプレックスであり怒りだが、それらこそが彼の歌手活動の原動力となっている。そんなに痛めつけられたにも関わらず、「生きて、ステージに立って、歌っている」という「今」が、彼の自信であり誇りなのだろう。別のインタビューでも、彼の人間に対する深い考察や眼力を少年期から身につけていたのではないか、洞察力を養ったものは何だったかと聞かれ、こう答えている。

「私には学がない。ふたつのおぞましい学校を出ただけだ。その学校生活は、残りの人生においてまで、本当に頭をたたきのめすものだ。主に、どんなに暴力的で不愉快な人間がいるかということを知ること、それこそが私がはじめて知った『世界』だったのだから。学校生活において、ほっとできた日はただの1日たりともなかった。そしてそんな経験は、永遠に私をおびやかすものとなった」

（2015年7月13日『Thrasher Magazine』）

永遠に彼をおびやかし、反動のモチベーションとなっているのが「学校」に違いない。少年期に受けたショッキングな仕打ち、おぞましい経験。それを人間に対する洞察力に転換した。「いまだ乗り越えられていない」と語っているが、「ああ、学校？　いろいろあったけど、すべて過去のことだ」などと忘れてなどいないから、歌い戦うためのパワーに変換できているに違いない。

モリッシー校長の儀式

２０１３年に発売されたライブＤＶＤ『モリッシー25ライヴ』での映像は興味深い。これはモリッシーのソロキャリア25周年を記念して行われたライブの記録映像だ。あろうことか、モリッシーの大嫌いな「学校」で、このライブは行われた。

２０１３年3月2日、ロス・アンジェルス。ハリウッド通りの北に位置するハリウッド高校には朝早くから、その夜行われるモリッシーのライブを待つファンたちの列ができた。並んでいるのは、わずか12秒で売り切れたというチケットを手にした１８００人のファンたちだ。モリッシーがアメリカで、このような小規模な会場でライブを行うことは珍しく、この前日のハリウッドのステイプルズ・センターはその10倍以上、キャパシティー２００００人の大会場だった。そのため、この「親密なライブ」への特別感、ワクワク感は公演前のファンを捕えた映像からも伝わってきた。

「学校の時間です」という映像が流れて始業のベルが鳴り、ニューヨーク・ドールズ、ショッキング・ブルー、スパークスといったモリッシーお気に入りのアーティストの映像が流される。その後出てきたモリッシーは、ファンの歓声を受けながら、

2013年3月2日、モリッシーのソロ活動25周年を記念して、ロス・アンジェルスの伝統校、ハリウッド高校で行われたライブ。（Kevin Winter/Getty Images Entertainment/Getty Images）

「絶対に、母校を忘れるな！（〝Never forget your alma mater!〟）」

と力強く言い、1曲目「Alma Matters」を歌いはじめた。このタイトルは、言葉遊びが好きなモリッシーならではだ。「Alma Matters」とは「母校・出身校」という意味の〝alma mater〟という言葉をもじっている。また〝alma〟にはポルトガル語で「魂」という意味がある他、モリッシーの好きなTVドラマ『コロネーション・ストリート』出演のイギリス人女優アルマ・ハリウェルのファースト・ネームでもある。この歌はモリッシーがよくライブで歌い、2013年に入ってからは毎回セット・リストに入っていたが、1曲目に持ってきたのはこの時がはじめてだった。学校という会場で、あえてオープニング曲に選んだのは、「自分のその後の人生に大きな影響を与えた学校というものを、決して忘れるな」という思いをこめてのことだと思った。

4曲目の「You Have Killed Me」がはじまる前にモリッシーはMCで、

「絶対絶対絶対、学校ってものからは逃げられない。いくつになってもずっとついてくるんだよ、永遠に。そしてギリギリ！　ギリギリギリ！　ギリギリギリ！　君たちをぶっつぶしていくんだ。ともかく私はぶっつぶされたんだ」

と語った。そして、

「ところがまだ生きている！　かろうじてだけど！」

という咆哮とともに歌いはじめた。かつて完膚なきまでにやっつけられたが、今もまだ生きてこうやって歌っているという彼の生命力に、終始圧倒されるライブ映像であった。決して「ああ、学校ひどかったよ、やだったよ～。みんなもやだよねラララララ～」と歌っているわけではない。傷の舐め合いなどではない。永遠に消えない傷をかっ開いて、いまだ流れる血を見せながら、それでも死なずに今も生きて、ステージに立つ自分を見せるために歌っている。今、自分が堂々と生きていることこそが、過去への「復讐」なのだ。

学校だけではない。職場でも、家庭でも、どんな場所でも、生きている限り、自分の魂が多かれ少なかれ「ぶっつぶされる」気持ちになることが多々ある人生。しかし、過去に何があっても、負けず、それをバネにすくっと立って、あんな風に歌い続けているモリッシーの姿に、我々はいつも救われる。ぶっつぶされたっていい、生きていてまた立ち上がれば、人は何度でもはじめられる。

モリッシーが選ぶ自分に影響を与えた本・映画

（1983年9月17日『NME』より）

小説

『オスカー・ワイルド全集』オスカー・ワイルド

『Popcorn Venus』Marjorie Rosen

『崇拝からレイプへ』モリー・ハスケル

『Beyond Belief: The Moors Murders』Emlyn Williams
（ムーアの殺人に関する本）

『The Lion In Love』シーラ・ディレーニー

『レイプ・踏みにじられた意思』スーザン・ブラウンミラー

『The Angel Inside Went Sour』Esther Rothman

『Men's Liberation』Jack Nichols

『殺人紳士録』J.H.H.ゴート&ロビン・オーデル

『The Handbook Of Non-Sexist Writing』Miller & Swift

映画

『The Man Who Came To Dinner』 1942

『A Taste Of Honey』（『蜜の味』） 1961

『Christmas In Connecticut』 1945

『The Killing Of Sister George』（『甘い抱擁』） 1968

『A Kind Of Loving』 1962

『Hobson's Choice』（『ホブスンの婿選び』） 1954

『Mr. Skeffington』（『愛の終焉』） 1944

『Bringing Up Baby』（『赤ちゃん教育』） 1938

『The Member Of The Wedding』 1952

『The World, The Flesh And The Devil』 1959

2時間目
「音楽」
自分の人生に確信をもつ

モリッシーの「音楽」ソング3選

♫ **Rubber Ring**（『The World Won't Listen』The Smiths）

♫ **Paint A Vulgar Picture**（『Strangeways, Here We Come』The Smiths）

♫ **Sing Your Life**（『Kill Uncle』）

「歌手」モリッシー

「モリッシーとは何か」と聞かれたら、「歌手」であると答えたい。

当たり前のことのようだが、意外と重要なことだ。アーティスト、ミュージシャン、ロッカー、スター……いろいろな形容はあるだろうが、その前に、「歌手＝シンガー」なのだと思う。伝説のバンド「ザ・スミス」だったということで、ロッカーとして見られることも多いが、マイク一本で自分のありのままを歌声でさらけ出す、「歌手」がモリッシーの肩書きであることに間違いない。

スミス時代から自分の体にメッセージを書くことが多かったモリッシー。1984年8月、イギリス音楽番組『トップ・オブ・ザ・ポップス』出演時には〝MARRY ME（結婚して）〟と、また1985年の写真撮影では〝INITIATE ME（手ほどきして）〟というメッセージを入れていた。

ソロになってからの『Kill Uncle』ツアー時（1991年）に撮影された動画では、鎖骨の下あたりに〝SINGER（歌手）〟と書いて得意気に指さしていた。ソロの「モリッシー」として活動するようになってはじめて自身を、「スミスの一員」ではない、ひとりの「歌手」だと正々堂々と主張しはじめたことの表れに思えた。自伝でも、この頃にバック・バンドを従えてツアーをはじめたことで、「ついに、私のソロ活動がはじまった」と語っている。

実は、スミス時代からソロ第1作目のアルバム『Viva Hate』まで、彼はレコードスリーブにて自分の担当を〝voice〟とクレジットしてきた。英語で〝voice〟と言えば「声」、「主義などの表明」を意味する。スミスの一員であった間は、彼の考える本当の意味での〝singer〟ではなかったからかもしれない。けれども「ザ・スミスのボーカリスト」として、その役を自主的に演じきっていた。そんな自分の状況を、彼なりのユーモアで表現したのが〝voice〟というクレジットだったのではないだろうか。スミスのデビュー・アルバム『The Smiths』のスリーブには、イギリス在住の日本人ミュージシャンであり写真家のロミ・モリ氏が撮影したモリッシーお気に入りの顔写真が使われている。マイクを手にし、スミスの一員として〝voice〟を絞り出しているような、苦しそうな、かつ恍惚に浸るような表情を浮かべている。

ソロ第2作目のアルバム『Kill Uncle』以降、彼の担当クレジットはなくなった。それは、彼が「モリッシー」という主体になり、作品そのものとなったからではないか。プロデューサーが誰だろうと、バンドメンバーが誰だろうと、彼という「歌手」がフィーチャーされるのが当然という状況が訪れた。元はと言えばソロになったのは、彼が大好きだったスミスがなくなってしまったからだが、皮肉なことに彼の幼い頃からの願い、尋常ではない歌への思いは、「ザ・スミ

ザ・スミスのファースト・アルバム『The Smiths』のインナー・スリーブに使われた、日本人アーティストであり写真家ロミ・モリ氏撮影のモリッシー。なおこの写真は、モリッシー側からの要請で、2018年のツアーで販売されるオフィシャル・グッズに使われることが決定している。30年以上を経ても、彼のお気に入りの一枚。（著者撮影）

ス」という枠組みがなくなったことで、より色を濃くしていく。スミスとは、彼が真の歌手人生をはじめるための足掛かりだったのではないかと思う。

歌手人生のはじまり

モリッシーが「歌手になりたい」と思ったのは随分幼い頃だ。その音楽人生のはじまりは6歳。当時を振り返り、「歌はすべてを変えた」と言っている。

60年代初頭、イギリスでは生放送音楽番組『トップ・オブ・ザ・ポップス』の放映がはじまり、モリッシーも楽しみに観ていた。歌手になってみたい、どんな子どもでも漠然とした憧れは持つだろうが、そんな凡子どもとはモリッシーは違う。自伝によるとテレビで歌う子どもたちを見て「私も歌おうと思った。そうでなければ、死んでしまう」と思ったそうだ。小学校に入ったか入らないかで、テレビの中の「あっち側」の人たちを、自分とは違う人間たちだと切り離して考えず、自分も早く「あっち」に言って歌わなければと意識的に考えていたことがうかがえる。モリッシーにとって歌手になりたいという気持ちは、生きるための動機だったのだ。

子ども時代のモリッシーのお気に入りの場所は、地元マンチェスターの「ザ・ポール・マーシュ」というレコード店だった。その店は木の床がむき出しの、昔のイギリスにはよくあるような普通のレコード店で、ポップスのシングル盤がカウンターの後ろに、そしてＬＰレコードは小さい子どもでも見やすいように並んでいたそうだ。そこでちびっこモリッシーは、レコードをパタパタしたり、また『レコード・ソングブック』という高価な雑誌をめくってその月のヒット曲の歌詞を読んで、聴いたことのない歌に勝手にメロディーを乗せて歌ったりしていたと言う。モリッシーが「作曲しないメロディー・メイカー」となった秘密は幼い頃のこの習慣にあったのかもしれない。実はスミス時代からソロにいたるまで、多くの曲の歌メロはモリッシーが作っている。彼の曲のメロディーと歌詞がうねるように一体化している理由はそこだ。歌詞を曲に乗せている歌ではない。彼の歌詞とは、口からあらかじめメロディーつきで出てくる「歌」なのだ。

モリッシーの「歌」への思いはとてもフィジカルなものだ。『Low In High School』発売直前の『Billboard』のインタビュー（２０１７年11月14日）では、今もなお「独特で感情的で軽快」な彼の声を保つための特別なテクニックはあるかと聞かれ、歌うことはテクニックの問題ではなく、ただ巷の歌手のように「喉から歌う」ことを批難している。彼は8歳の時、フォー・トップスの「Walk Away Renee（愛しのルネ）」のレコードを買って、自分がどう歌いたいかに気づいたと言う。この歌を改めて聴いてみると、ボーカルのリーヴァイ・スタッブスの歌声はとても深く、肉感的だ。たしかにモリッシー声法に通ずるものがある。２０１２年の『クロスビート』のインタビューでも、

「何よりもまず、人が歌う姿に夢中になった（中略）『歌う』という行為は裸になること同然だから、隠れる場所がないんだよ。そんな風にして人が歌っている姿を見るたびに、そのパワーの虜になったものだ（中略）とにかくシンガーが好きなんだ」

（2012年『クロスビート』7月号）

と、「歌う」という行為への熱い思いを語っていた。

モリッシーは自伝のなかで、幼い頃に魅せられたソロ・シンガーとして、トミー・コルベール、マット・モンロー、シャーリー・バッシーらを挙げている。トミー・コルベールはスウェーデン人で、1969年のユーロ・ヴィジョン・ソングコンテストにもスウェーデン代表で出場しており、ヨーロッパではお馴染みの歌手だ。そこで歌った「Judy Min Vän（ジュディーは友だち）」は、過去に、モリッシーのライブがはじまる前に会場でかかっていて何度か聴いた。深く、情感を時に抑え、時には溢れさせる発声。ざわついた会場でよく聞こえないままはじめて聴いた時、「なんだかモリッシーぽい歌手で、これは誰だろう?」と心がざわついたのを思い出す。彼は「モリッシーぽい」歌手なのではなく、言うなれば「モリッシーぽさ」の醸成に役立った歌手だった。モリッシーは自分が影響を受けた、好きな歌手の音楽をライブ前にかける。「こんな歌

モリッシーが影響を受けたアーティスト

幼少期〈50〜60年代〉

女性グループ

＊ザ・マーヴェレッツ／●ダイアナ・ロス＆ザ・シュープリームス／★ザ・クッキーズ／ザ・シャングリラス／ザ・クリスタルズ／●○ザ・ペーパー・ドールズ／ザ・トイズ／マーサ＆ザ・ヴァンデラス／レパラタ

女性シンガー

●＊シャーリー・バッシー／●◎＊サンディ・ショウ／★トゥインクル／＊ダスティ・スプリングフィールド／●フランソワーズ・アルディ／●★ティミ・ユーロ／●○ディオンヌ・ワーウィック／●◎＊ナンシー・シナトラ／●＊ルル／●リタ・パヴォーネ／＊ダイアナ・ドース／●◎カースティ・マッコール／★＊シラ・ブラック／サンディ・ポージー／●○ブリジット・バルドー／●＊マリアンヌ・フェィスフル

青年期〈60〜70年代〉

パンク・ポストパンク系

●○セックス・ピストルズ／●★◎＊○ラモーンズ／○ザ・ダムド／●★＊パティ・スミス／●○イギー＆ザ・ストゥージズ／＊ザ・ヴェルヴェット・アンダーグラウンド／（○＊ニコ）／＊◎スージー＆ザ・バンシーズ／＊ルーダス／○ペネトレイション／★＊バズコックス／★＊マガジン

ロック系

●スモール・フェイセス／＊ザ・キンクス／○ショッキング・ブルー／●ラブ・アフェア／●＊★ハーマンズ・ハーミッツ／＊トラフィック／●スプリングウォーター／○＊ジェファーソン・エアプレイン／ティム・バックリィ／●★＊ザ・プリテンダーズ

フォーク・カントリー

ジョニ・ミッチェル／＊フィル・オクス／ダミアン・デンプシー／●＊メラニー・サフカ／＊ハンク・スノウ／●＊バフィー・セントメリー／＊○ザ・サンダウン・プレイボーイズ

ソウル・R&B

●フォー・トップス／○ジェームス・ブラウン／サム・クック／○アイク&ティナ・ターナー／●○ボブ&マルシア／●＊ザ・ファウンデーションズ／ジミー・ラドクリフ

男性シンガー・グループ

●＊トミー・コルベール／★フランキー・ヴァリ／●＊マット・モンロー／○ヴィンス・テイラー／ヴィンス・イーガー／トム・ジョーンズ／●ライチャス・ブラザーズ／＊セルジュ・ゲンズブール／○クリス・アンドリュース／○シャルル・アズナヴール／＊フランク・シナトラ／＊ビリー・フューリー／●＊クラウス・ノミ／★ギルバート・オサリバン／チャーリー・フェザーズ／★＊エルヴィス・プレスリー／ポール・ジョーンズ

グラムロック系

●★◎＊○ニューヨーク・ドールズ／●★ロキシー・ミュージック／（○＊ブライアン・イーノ）／●★＊Tレックス／●★◎＊デヴィッド・ボウイ／●◎＊ジョブライアス／●◎モット・ザ・フープル／●★＊スパークス／○★ルー・リード

●自伝に出てきたアーティスト　★モリッシー／ザ・スミスがカバーしたアーティスト
◎共演、共作、再発・ベスト選曲に関わったアーティスト
＊ライブ開演前曲に使用アーティスト　○ライブ開演前上映ビデオに使用アーティスト

手も好きだったのか」と、その幅広い音楽性にはいつも驚かされる。

モリッシーのお気に入り歌手には、女性も多い。シャーリー・バッシーもそのひとりだ。彼女が「Let Me Sing And I'm Happy」を歌ったのを見てモリッシーは啓示的なものを感じたようだ。「歌わせてよ、そうしたら私幸せ」と自信満々に歌うシャーリー・バッシー。もし自分も歌えたら、こんなに自由になれるという希望を見出した。モリッシーは13歳以降、ひとりでライブからライブを渡り歩き、「自由に自分の力で歌う歌手」の歌声やシャウトに、自分もそんなことができるのではないか、と希望を見出した。いつか「自分の番」が来ることを、ただ欲し続けた。しかし若いながらも冷静な視点も持っていたことに驚かされる。

「『次にブレイクするポップスター』のようには見えなくても気落ちする必要はない。なぜなら自分の奇妙さは、決定的に他の人に影響力を及ぼすものとなる可能性もあるのだから、がっかりしなくてもいいのだ」

（『Autobiography』）

「自分の番」を虎視眈々とねらいながら、モリッシーは何をしたのか。後に、ラッセル・ブランドによるインタビューで「どうやって自己実現を達成したのか」と聞かれ、

「私にはポップスターになる要素がまったくなかった。ポップスターとしてうまくかない要素を全部取り出したら、陳腐な点がまったくない私自身が現れた」

（2009年「Wrestle with Russell」）

と語っている。陳腐なポップスターとは「かっこよさ」とか「かわいさ」、「セックス・アピール」、「アイドル性」など、売り物になりやすい要素を提示している。たしかにモリッシーにはそのような「ポップ」な要素はなかったのかもしれない。しかしそこで諦めずに、逆に自分という人間のありのままを出してみた。意図していないだろうが、弱みを強みに逆転したマーケティング戦略のようだ。自分の「非ポップスター性」を逆手にとることで、唯一無二の歌手となることに成功した。

モリッシーが実際に歌手になる契機となった出来事は、1976年6月4日、17歳の時。彼は通りの街灯柱にはりついた汚いフライヤーをたまたま見つけ、セックス・ピストルズがちょうどその日の夜に、マンチェスターのレッサー・フリー・トレード・ホールでライブをすることを知った。このライブの観客は42人だけ、しかしそのなかには、後のジョイ・ディヴィジョンのイアン・カーティスやバーナード・サムナー、ピーター・フック、ザ・フォールのマーク・E・スミス、バズコックスのピート・シェリーやハワード・デヴォート、ポール・モーリー（ZTTレコーズ創設者)、トニー・ウィルソン(元ファクトリー・レーベル社長)、シンプリー・レッドのミック・ハックネルがいた。後のマンチェスター・ミュージックシーンの主要メンツが一同に会したこの日、ピストルズが見せたものは各人に多大な影響を与えたようだ。現に衝撃を受けたバーナード・サムナーとピーター・フックはジョイ・ディヴィジョンの前身バンドを結成、マーク・E・スミスはザ・フォールを結成した。この日のことをモリッシーは、こう振り返っている。

「セックス・ピストルズが現れた瞬間に、誰もが音楽に関わるべく行動を起こした。誰もが音楽について書いたり、歌ったり、楽器を演奏したいと思うようになった。『何かをやらねば』という気持ちに、みんなが駆られたんだよ。そんなことはかつて起きたためしがなかった」

(2012年『クロスビート』7月号)

しかし、まだまだモリッシーは動かない。無職の17歳の彼の人生は苦しく、「バカげた野蛮人」のみが生き残れる残忍な場所マンチェスターでは、誰ひとり彼を気にしてくれる人もいないまま月日だけが流れていく。当人としては、焦るばかりで地獄のような毎日だろうが、今にして思えば、ここで闇雲に動いて「怨念」を霧散させず、蓄積したことが良かったのかもしれない。怨念の蓄積、それは後々に大変なリターンをもたらすこととなる。

「私の感情は強烈になり、爆発した。私は物事にうまく対処できなかったが、歌いたい、そう思った。私は気難しくて、引っ込み思案――本当に頭だけで身体がない――見た目にはわからなくても、私には情熱があふれていた」

（『Autobiography』）

ピストルズのライブをきっかけに「歌手になりたい」という情熱をマグマのように噴出させた。まだ動き出してはいなくても、モリッシーの「歌手」人生はここからはじまったのではないか。

「何もしていない、でも歌いたい」と焦るモリッシーだが、まだこの時17歳。しかしモリッシーにとって、歌手になることは「将来のこと」でも「未来の職業」でもなかったのだろう。もっと、「いかに生きるか」に近いもの。アイデンティティーに関わること。歌手になるとはまさに彼にとって、これからの人生を「生きる」ということに他ならなかった。

そしてその時は、ピストルズのライブ翌年、１９７７年12月に訪れた。18歳のモリッシーはヴァージン・レコードの壁に貼ってあったメンバー募集告知を見て、現ザ・カルトのギタリスト、ビリー・ダフィーに連絡をとった。モリッシーはビリーに自分を「シンガー」だと自己紹介した。ビリーはリハーサルルームに何人かのミュージシャンを連れてきて、そこでモリッシーははじめて歌った。

「私の口はマイクに出会い、トレモロの震えが音程に合わせて部屋を飲みこみ……誰かに一生お前の人生はこうだと決めつけられる生活から抜け出したのだ。もう誰の意見も関係ない。自分自身の真実を歌っている。そしてその真実はきっと誰かの真実にもなり得る。そして私に生命力を与える。今度だけはせめて、大きな声で響かせたい」

（『Autobiography』）

彼が待ちに待った瞬間がやっと訪れた。よく、ジョニー・マーが「ひきこもりのモリッシー」の家を訪れ、彼を外に連れ出したことでモリッシーの歌手人生がはじまった、マーは彼の恩人だ、と伝説的に語られているが、モリッシーは決して受け身のひきこもりではなかった。6歳からずっと、「自分の番」を待っていた。苦節12年、18歳でやっとだが、マーが来る前から自力でチャンスをつかんでいるのだ。

1991年にモリッシーが出したシングル曲で「Sing Your Life」という歌がある。シンプルな歌詞で、「歌うこと」への礼賛が素直に歌われており、当時はモリッシーにしては随分わかりやすい歌だなと思ったものだ。しかし、モリッシーの「歌手」になりたいという強い思いを知ると、ロカビリー調のヘヴィーなベース音と共に、その歌詞はとても重厚に響いてくる。

「君の人生は他人に歌われてきたけど／今度は君が輝くチャンスが来た／思っていることを言える喜びを手にした／歌って思いを表現できる／そんな滅多にない喜びを」

——「Sing Your Life」

ビリーとモリッシーのバンドはザ・ノーズブリーズという地元パンクバンドのリズム隊に協力を得てマンチェスター大学でライブも行っている（この時の『NME』のライブ評で彼らのバンド名が「ザ・ノーズブリーズ」と記載されたために、モリッシーはノーズブリーズに在籍していたと勘違いされたが、後に否定している）。モリッシーは満員の会場で、暗い緑色のナイロンの古着シャツを着て歌った。

「なんでもないことだったかもしれないが、世界を感じた。観客が大声で歓声を上げてくれる、この奇妙すぎる感じは何？　性的な解放でもあった——観客ではなく、私自身のだ。ビリーの演奏は良く、私は曲に合わせて力強く歌った。称賛の声がとどろき、安心した。長いこと閉じ込められた生活を送ってきたが、ようやく私は解放されたのだ」

（『Autobiography』）

素晴らしい幕開けを見せたこのバンド活動は、ビリーがシアター・オブ・ヘイトというバンドにヘッドハンティングされたことで終わる。ビリーは置き土産に、「俺よりずっとうまいギタリスト」ジョニー・マーを紹介してくれた。こんな風にはじまってその後40年間以上、モリッシーの歌手人生はいまだ続いている。

なぜ音楽の力を信じるのか

唯一の生きる希望で、「歌手にならなくては死ぬ」とまで思い詰めて選んだ音楽であるが、モリッシーは音楽業界に関しては常に懐疑的だ。ザ・スミス時代は「レコード売らんかな」という業界を揶揄した「Paint A Vulgar Picture」という曲を歌っていたが、そこから30年経っても状況は変わらない……どころか彼の愛する「音楽」を取り巻く状況は悪化していると批判している。

２０１５年7月、『Thrasher Magazine』のインタビューでは、最近のメジャーな音楽を、「大々的なマーケティングなくして成功するバンドやシンガーなどひとつもない」と批判している。今、自分たちが生きているのはマーケティングで生み出されたポップスターたちの時代、レコード・レーベルが音楽チャートを完全にコントロールしていてその結果、人々は音楽に対する興味など失ってしまったと嘆いている。彼曰く、音楽からはアーティストの自発性が失われていて、どこにも救いようがなく見える。２０１７年3月の『Huston Press』のインタビューでも、「音楽業界がアーティストに仕える時代を経て、今やアーティストが音楽業界に仕えなくていけない時代」になってしまったと言い、過去に回帰することこそ、良い音楽を世に送り出す土壌を作ると力説している。

モリッシーは前レーベル、ユニヴァーサル・レコード傘下のハーヴェストとの契約解除でもめた時、レーベルが「ちゃんと売ってくれない」と怒っていたので、レコード会社の「売れ筋アーティストびいき」を怒っているだけだと思われるかもしれない。しかし彼が「売らんかな体質」を批判しているのは、「自分が売ってもらえないから」という単純な理由ではない。売れるもの以外を淘汰していたら、アーティストからは個性が消え、聴衆は飽き、結局使い捨ての「やがて売れなくなるもの」を製造し続けるだけになり、長く継続性のある良い音楽が生まれないというサイクルに陥ることに警告を発しているのだ。現に、この「売らんかな」システムの餌食にされたアーティストのことを「ろくすっぽ音楽を作っていないのに、うぬぼれている奴らに山ほど会う。まったく魅力的じゃない」と批判している。彼は、どんなバンドでも歌手でも、過大評価されていることに甘んじていると、すぐさま嫌いになるそうだ。現代の音楽業界の賞レースのシステムには耐えられないと言い、「イギリスでは、マーキュリー賞とは死刑執行令状のことだ。この賞をもらった奴は誰でも、半年後にはふとん売りになって終わる」（２０１４年11月16日『POPAGAND』）と悪態をついていた。

ふとん売りに失礼な言い方で、また炎上しそうでひやひやしたが、彼がいちばん言いたいのは、「良いアーティストが育たないシステム」批判であろう。「金儲け」がしたいのか、「音楽」がやりたいのか、はたまた「両方」がいいのか。アーティストの動機も目的も様々だろうが、少なくともモリッシーは、今まで出会ってきたような素晴らしい「音楽」に出会いたいし、出会ってもらいたいし、「音楽」をやり続けたい、素晴らしい「歌手」であり続けたい、その一心なのであろう。

2014年8月、アイルランドの『Hot Press』のインタビューで、『World Peace Is None Of Your Business』が、発売早々アルゼンチン、チリ、ペルーでチャート1位になったことから、「なぜモリッシーの音楽は南米の人々の心をとらえるのか」と聞かれている。自身は、イギリスでこのようなチャートアクションが見られないのは、売れそうに思える歌であればなんでも歌われる世の中で、「歌いたいことしか歌わない」自分は変人だと思われているから、と分析している。全世界で受け容れられるような特徴のないポップ・ミュージックばかりがあふれるなか、南米やその他ギリシャ、トルコ、イスラエル、スウェーデンで自分は「ニセ刺激物に対する解毒剤」と見なされ、価値をよくわかってもらっていると語っていた。一過性の「ニセ刺激物」にあふれた世の中を救う解毒剤、救世主としてモリッシーは存在している。「言いたいことも言えないこんな世の中じゃポイズン」と、反町隆史は歌っていたが、モリッシーはまさに「言いたいこと」を言わないニセ調和でたまっていくポイズンを解毒する役目を追って、生きている限り歌い続けるのだ。

「文句ガミガミおじさん」扱いされるモリッシーだが、音楽を取り巻くいろいろな状況を嘆きつつも、前向きに戦おうとしている。「現状が嫌なら、変えるしかない」というのが彼の流儀なのだ。モリッシーの言葉で私が好きなもののひとつに、「自分のカヌーは自分で漕げる」という言葉がある（2016年8月3日『news.com.au』）。誰もやらないなら、自分で前に進むしかない。

2017年、『Low In High School』リリースにあたり、自身のレーベル「Etienne（エティエンヌ）」を立ち上げたことについて聞かれ、

「世界で何が起こっても、音楽は永遠に存在する。それは大きな喜びであり、産み出し創造するのは非常に健康的だ。私はエティエンヌを広げ、たくさんのアーティストと契約したい。何が売れるか売れないかという馬鹿馬鹿しいマーケティング観点からではない。歌ったり、演奏したりすることに頼って生きているアーティストと契約したい。彼らは長期的に価値のある人たちだ」

（2017年11月14日『Billboard』）

と答え、一過性ではない本当の「音楽」をやっている骨太の「アーティスト」と契約したい

という意欲を見せている。この彼のレーベル名「エティエンヌ（Etienne）」はフランス語名だが、英語で言えば「スティーヴン（Stephen/Steven）」。モリッシーのファースト・ネームだ。ちなみに「スティーヴン」という名前の元となっている「聖ステファノ」はキリスト教における最初の殉教者、すなわち信仰のために自らの命を犠牲にする者だ。そんな自分の名前をつけているあたりにも、自分のように本当の音楽をする者を送りだす、音楽のために殉死する覚悟も辞さない、というモリッシーの本気を感じる。

テクノロジーやマーケティング、グローバル化によって瀕死となった「音楽」を、それでもモリッシーが信じるのはなぜか。

２０１４年、ギリシャのメディアのインタビューに対してはこう語っていた。

「私たちは素晴らしい音楽に出会い、まさに恋に落ちる（中略）そしてその感動は、最期のときまで続く。たくさんの人間にとって、音楽とは唯一の友だちだ。さらに大切なことは、音楽とは自分が何者なのかを教えてくれる。もちろん、我々だって自分が誰かくらいわかる、しかし音楽は常に、おのれが何者であるか、確信を持つことを助けてくれる」

（２０１４年11月16日『POPAGAND』）

音楽が、「おのれが何者であるか」、それを確信する手助けを与えてくれたからこそ、胸を張ってその力をプレゼンテーションし続けるのだろう。

「これが私の人生だ。何もかも、音楽以外のすべてを犠牲にしてきた、我が人生。私は『パフォーマー』ではない。ミュージシャン役を演じている訳でもない。職業で音楽をやっている訳じゃない」

（2015年7月13日『Thrasher Magazine』）

日々人生を生きているなかで、人間としていちばん欲しいのは「これが私の人生だ」と言える確信ではないか。自分が何者なのか、生きる目的は何なのかわかることだ。モリッシーが歌手をやめないのは、金もうけや誰かのためにやっているからではないから。自分のため、自分が生きるため。「そろそろ今まで築いてきた財産で楽をしたいのう」などというご隠居欲はない。2013年7月、連続入退院明けに受けたチリの新聞からのインタビューに対して「パン屑だらけのソファーで死ぬくらいだったら、ステージで死にたい」というコメントをしていた。ここまで一貫した「我が人生」を貫き続けているのは天晴だ。

モリッシーの歌手としての矜持に触れながら、「これが私の人生だ」と何かに対して言えるだろうか、とよく考える。「音楽こそ我が人生」と、モリッシーのようなきっぱりとした確信を持って生きている人のほうが少ないかもしれない。私も今まで、「これか⁉」と思うときめきを得ながらも「やっぱ違うかも」とうやむやにしてしまったものがたくさんある。そんなヘタレの自分ではあるが、モリッシーが音楽に殉死するくらいの覚悟で歌い続けているのを見ると、勇気が湧いてくる。「音楽は常に、おのれが何者であるか、確信を持つことを助けてくれる」という、モリッシーの言葉を思い出す。毎日を悔いなく生き、いつか何かに気づいて、「ああ、これが自分の人生だ」と、胸を張って言えればいいなと思いながら、強く響く声を聞いている。

モリッシーが無人島に持って行きたいレコード

(2009年11月29日 BBC Radio 4の長寿番組『Desert Island Discs(無人島ディスク)』より)

- ニューヨーク・ドールズ
  「(There's Gonna Be A) Showdown」
- マリアンヌ・フェイスフル
  「Come And Stay With Me」
- ラモーンズ「Loudmouth」
- ザ・ヴェルヴェット・アンダーグラウンド
  「The Black Angel's Death Song」
- クラウス・ノミ「Der Nussbaum (The Walnut Tree)」
- ニコ「I'm Not Saying」
- イギー&ザ・ストゥージズ
  「Your Pretty Face Is Going To Hell」
- モット・ザ・フープル「Sea Diver」

モリッシーの自伝に登場するアーティストと曲目（登場順）

♫ ミリー「My Boy Lollipop」
♫ ロイ・オービンソン「It's Over」
♫ マンフレッド・マン「Pretty Flamingo」
♫ ニュー・ボードビル・バンド「Peek A Boo」
♫ フォー・トップス「Bernadette」
♫ ポール・ジョーンズ「I've Been A Bad Bad Boy」
♫ フランソワーズ・アルディ「All Over The World（Dans Le Monde Entier）」
♫ ライチャス・ブラザーズ「You've Lost That Lovin' Feelin'」
♫ ジミー・ジョーンズ「Good Timin'」
♫ トム・オーランド「Bless You」
♫ マリアンヌ・フェイスフル「Come And Stay With Me」
♫ ラブ・アフェア「Rainbow Valley」
♫ ザ・ファウンデーションズ「Back On My Feet Again」
♫ スモール・フェイセス「Lazy Sunday」
♫ サンディ・ショウ「You've Not Changed」
♫ ルル「I'm A Tiger」
♫ リタ・パヴォーネ「Heart」
♫ ダイアナ・ロス&ザ・シュープリームス「Reflections」
♫ ダイアナ・ロス&ザ・シュープリームス「I'm Livin' In Shame」
♫ マット・モンロー「We're Gonna Change The World」
♫ シャーリー・バッシー「Let Me Sing and I'm Happy」
♫ ペーパー・ドールズ「Something Here In My Heart」
♫ デヴィッド・ボウイ「Starman」
♫ バフィー・セントメリー「Soldier Blue」
♫ バフィー・セントメリー「Moratorium」
♫ ザ・パイオニアーズ「Let Your Yeah Be Yeah」
♫ デイヴ&アンセル・コリンズ「Double Barrel」
♫ ボブ&マルシア「Young, Gifted And Black」
♫ スプリングウォーター「I Will Return」
♫ ハリケーン・スミス「Don't Let It Die」
♫ ジョ・ジョ・ガン「Run Run Run」
♫ ジ・エルジンズ「Heaven Must Have Sent You」
♫ Tレックス「Jeepster」

♫ Tレックス「Metal Guru」
♫ Tレックス「Telegram Sam」
♫ ミスター・ブロー「Groovin' With Mr. Bloe」
♫ ブルー・ミンク「Melting Pot」
♫ ロキシー・ミュージック「Virginia Plain」
♫ ニューヨーク・ドールズ「Jet Boy」
♫ ニューヨーク・ドールズ「Trash」
♫ ニューヨーク・ドールズ「Frankenstein」
♫ モット・ザ・フープル「All The Young Dudes」
♫ ファロン・ヤング「It's Four In The Morning」
♫ メラニー・サフカ「I Don't Eat Animals」
♫ パティ・スミス『Horses』
♫ イギー&ザ・ストゥージズ「Your Pretty Face Is Going To Hell」
♫ セックス・ピストルズ「Anarchy In The UK」
♫ スパークス「This Town Ain't Big Enough For Both Of Us」
♫ ニューヨーク・ドールズ「Personality Crisis」
♫ クラウス・ノミ「Death」
♫ Tレックス「Cosmic Dancer」
♫ デヴィッド・ボウイ「Rock ‘n Roll Suicide」
♫ デヴィッド・ボウイ「The Man Who Sold The World」
♫ ナンシー・シナトラ「Happy」
♫ ディオンヌ・ワーウィック「Loneliness Remembers What Happiness Forgets」
♫ ティミ・ユーロ「Interlude」
♫ ジョブライアス「Morning Star Ship」
♫ ポニー・クラブ「Single」
♫ イワン・マッコール「Morrissey And The Russian Sailor」
♫ カースティ・マッコール「You Know It's You」
♫ ナンシー・シナトラ「Let Me Kiss You」
♫ パティ・スミス・グループ「Because The Night」
♫ ブリジット・バルドー「Bubble Gum」
♫ ハーマンズ・ハーミッツ「East West」
♫ デヴィッド・ボウイ「Drive In Saturday」

モリッシーが選ぶ生涯ベストアルバム

（2010年8月13日『The Quietus』より）

- ジョブライアス『Jobriath』（1973）
- ジェフ・バックリィ『Grace』（1994）
- ザ・スモーキング・ポープス『Born To Quit』（1994）
- ダミアン・デンプシー『Seize The Day』（2003）
- ロキシー・ミュージック『For Your Pleasure』（1973）
- ザ・ヴェルヴェット・アンダーグラウンド『The Velvet Underground & Nico』（1967）
- ザ・ヴェルヴェット・アンダーグラウンド『White Light/White Heat』（1968）
- スパークス『Kimono My House』（1974）
- イギー＆ザ・ストゥージズ『Raw Power』（1973）
- ニコ『Chelsea Girl』（1967）
- パティ・スミス『Horses』（1975）
- ラモーンズ『Ramones』（1976）
- ニューヨーク・ドールズ『New York Dolls』（1973）

モリッシーが選ぶ生涯ベストシングル

（2010年9月25日 Facebook「Morrissey Official」）

1位　ニューヨーク・ドールズ「Jet Boy」（1973）

2位　スパークス
「This Town Ain't Big Enough For Both Of Us」（1974）

3位　ザ・サンダウン・プレイボーイズ
「Saturday Nite Special」（1972）

4位　ボブ&マルシア「Young, Gifted And Black」（1970）

5位　ザ・タムス「Be Young, Be Foolish, Be Happy」（1968）

6位　バフィー・セントメリー「Soldier Blue」（1971）

7位　アル・マルティーノ「Granada」（1961）

8位　ショッキング・ブルー「Mighty Joe」（1970）

9位　ザ・クリスタルズ「All Grown Up」（1962）

10位　ポール・ジョーンズ「I've Been A Bad, Bad Boy」（1967）

11位　ダイアナ・ロス&ザ・シュープリームス
「I'm Livin' In Shame」（1968）

12位　ロキシー・ミュージック「Do The Strand」（1973）

13位　ミスター・ブロー「Groovin With Mr. Bloe」（1970）

3時間目

「ザ・スミス」今の自分で勝負する

モリッシーがライブでよく歌う「ザ・スミス」ソングベスト5

1位　Meat Is Murder（266回）
2位　How Soon Is Now?（245回）
3位　This Charming Man（116回）
4位　Ask（89回）
5位　What She Said／Shoplifters Of The World Unite（85回）
（2008~2017年　ライブ全428回中）

みんな待ってる「ザ・スミス」再結成

モリッシーが誰であるかと説明する時、「元ザ・スミスの」と言われることが多い。私もあまりモリッシーのことを知らない人に説明する時に、思わずその枕詞をつけてしまう。そうすると「あ〜スミスね！　聴いたことある」という人も結構いるので便利だ。いまだ「ザ・スミス」のネーム・バリューは大きい、というか、その存在感は当時より強大化している気もする。しかしスミスが解散したのは1987年、30年以上も前になる。それなのに「元ザ・スミスの」と言い続けるのは、どうかなとも思う。スミスはたった5年しか活動しなかったバンドで、一方モリッシーはソロ・アーティストとしてのキャリアを、その6倍もの時間継続中だからだ。

けれども、「スミスは好きだけどモリッシーのソロは聴かない」とか、「え、モリッシーってまだいたの？」と言う人もよくいる。私がＤＪをしているファンイベント、通称「モリッシー・ナイト」でも、いちばん盛り上がるのは、スミスの曲だ。「スミス目当てで来ました」、「なんでもいいからスミスをかけて」という声も多いので、スミスの7インチシングルを何枚も持って行く。「How Soon Is Now?」、「This Charming Man」、「Hand In Glove」……お馴染みのスミス曲をいざかけるとお客さんは狂喜乱舞。皆、喜んでいるような泣いているような顔で、思い思いに自分のスミスを歌いながら、踊る。ブース前に掲示したシングルレコードのジャケットを、参拝するかの面持ちで写真に撮る人、グラジオラス、それがない時は形の似た花やネギを振り回す人、シャツを脱ぐ人、スミス時代のモリッシーのように身をくねらせる人。ＤＪブースからそれを見ていると、不思議な気持ちになる。みんな、まだこんなにもスミスが大好きで必要なんだ、と思い知らされる。主体はもうないのに、ファンの「ザ・スミス」への思いは毎日息をしている。

そんなイベントの場で、またＳＮＳで、今までに何回も聞いたのは「スミス再結成」を熱く望む声だ。これは、ソロのモリッシーの現役ファンからも聞くことがある。昨今、いろいろな80年代、90年代のバンドが、過去のわだかまりなどを越えて再結成して、昔と変わらない（変わっているケースもあるが）ライブや新作で感動をもたらしてくれているから、「よもやスミスも!?」という期待もあるのだろう。モリッシーも、ジョニー・マーも、ライブでスミスの曲を演奏しているから、いっそのことまたふたりが一緒にバンドでやったら、という想像力も湧くのだろう。

再結成説モグラたたきゲーム

これまでも何度も、スミス再結成説は現れては消えた。ジョニー・マーによると、彼とニュー・オーダーのボーカルのバーナード・サムナーのグループ、エレクトロニックの結成の際にも、レコード会社からマーケティング上「モリッシーとよりを戻せ」と促されたというから、解散直後からそういう話はあったのだろう。２００６年5月の『UNCUT』インタビューでモリッシーは「スミスを再結成するくらいなら自分の睾丸を食べたほうがマシ」と過激な発言をして話題になった（ベジタリアンなはずだが…）。そしてここ10年くらいは、よりせわしない感じで、再結成にまつわる噂が飛び込んでくる。「ザ・スミス再結成オファー」は億単位のお金が動く話とされ、巷の注目度もかなり高いのだ。もう再結成自体よりも、そんな話題や噂に対してモリッシーが、またマーがどう反応するかを毎回楽しみにしている。ふたりとも毎回、うんざりしながらも真正面から噂をぶっつぶしにかかるのがおもしろくてたまらない。

近年の動きとしては、２０１２年2月、ジョニー・マーが『ＮＭＥ』大賞受賞式のインタビューにて「今のイギリスの連立政権が総辞職したらスミスを再結成する」と冗談を飛ばしたのを皮切りに、「スミス再結成モグラたたきゲーム」が勃発。「再結成」の噂がモグラのようにボコボコ出てきて、それがすぐに片っぱしからつぶされて、否定されていくというゲーム……とは言えないが、滑稽なまでにそのプロセスが繰り返されていく。「今の自分の活動で充実している」というマー側からのアピールに、「おっかぶせる」ようなモリッシーの「完全否定」には、彼の負けず嫌いさが垣間見られるようだ。

２０１２年10月には、モリッシーのスポークスマンを通じて、

「ザ・スミスは、絶対に、どんなことがあろうとも、あろうとも、あろうとも、あろうとも、絶対に、絶対に、絶対に、再結成するつもりはない。絶対に。(〝The Smiths are never, ever, ever, ever, ever, ever, ever going to reunite ever〟)」

(2012年10月2日『Rolling Stone』)

という声明が出された(〝ever〟って何回言ってる…?)。モリッシーのスポークスマンはその理由を尋ねられると「モリッシーに直接聞いてくれ。何か理由があるはずだから。そのうち明らかにされるかもしれない」と、少し「俺が知ったこっちゃない」的に答えている。「スミスメンバー内の不和をほのめかしている」と感じたメディアもありその真偽はわからないが、ここまで〝ever〟を執拗に繰り返して強調するほどの、「スミスとは線を引きたがってる」感はうかがえると思った。

マーのほうは、2013年5月に、自身のライブのゲストにスミスのベーシストだったアンディー・ルークを呼び、「ザ・『ザ・スミス』」とも言えるべき「How Soon Is Now?」を演奏。「元スミス」4人のうちのふたりがスミス曲を演奏するなんて、それはもう「Half The Smiths」というユニット名で売り出してしまえ、と思う商業的ミュージシャンも結構いそうだが、マーはそ

「ザ・スミス」再結成を否定する発言
——Years Of Refusal（2006-2016）

モリッシー　2006年5月／『UNCUT』

「スミスを再結成するくらいなら自分の睾丸を食べたほうがマシ」と発言。

ジョニー・マー　2008年12月16日／BBC Radio6

『Daily Telegraph』や『Daily Mirror』などがまことしやかに流した再結成に関する噂を受け、ファンが再結成を望むのは嬉しいとした上で、「ばかげている」、「再結成についてはあまり考えたことない」と回答。その後『NME』に「スミス再結成について出回っている話は、いつものごとく、事実ではない」との声明を送り、完全否定。当時ジョニーは、新加入したザ・クリブスの活動に忙しく、「過去に戻る計画はない」と発言している。

モリッシー　2009年2月11日／BBC Radio2

「周りの人はいつも再結成しないのかとしつこく聞いてくるが、どうしてだかまったくわからない。もうウンザリ」、「過去はもうずいぶん遠くなっている気がするし、それでよいと思う。私は今がとても気に入っている」、「自分が好きな曲を歌っているだけ、他人を喜ばせようと思って歌っているわけじゃない」とスミス再結成を完全否定。

ジョニー・マー　2012年2月29日／『NME』大賞受賞式

自分もモリッシーも、「やりたいことを続けて自分の人生を生きて、ミュージシャンをやり続ける」と言いつつ、「今のイギリスの連立政権が総辞職したらスミスを再結成する」と冗談を飛ばす。

モリッシー 2012年9月27日／オーストラリアの『Herald Sun』

2009年、モリッシーはコーチェラ・フェス会場の屋台の肉バーベキュー臭で気分を害して、「あれが人間の肉ならいいのに」と嫌味を言いつつステージを去った過去がある。その「埋め合わせ」提案だったのか、コーチェラ・フェスのイヴェンターから、その翌年のフェスを100％ヴェジタリアン仕様で実現させるから「そのかわりマーとふたりだけ、ベースとドラムはいらないので、ヘッドライナーで出演してほしい」と打診されたことを明かす。

ジョニー・マー（マネージャー） 2012年10月2日／『NME』

ジョニー・マーのマネージャー、ジョー・モスは、「そんな話はない。私たちは今ジョニーの新作アルバムのリリースや来年のライブの準備で手いっぱいだから」とジョニーのソロ活動の充実っぷりをアピール。

モリッシー（広報） 2012年10月2日／『Rolling Stone』

「ザ・スミスは、絶対に、どんなことがあろうとも、あろうとも、あろうとも、あろうとも、あろうとも、あろうとも、あろうとも、再結成するつもりはない。絶対に」と強く否定。モリッシーのスポークスマンはその理由を尋ねられると「モリッシーに直接聞いてくれ。何か理由があるはずだから。そのうち明らかにされるかもしれない」と発言。

ジョニー・マー　2013年5月3日／『Rolling Stone』

「これまで再結成については8936回位聞かれている」、「『ググれ、カス』（実際は、『グーグルで検索してみてくれ』）と言うようにしている」と発言。

ジョニー・マー　2013年5月4日／ニューヨークのライブで

「親友で、これまで聞いたなかでも最高のミュージシャンのひとり」とアンディー・ルークを紹介し、一緒に「How Soon Is Now?」を演奏。

モリッシー　2016年8月3日／『news.com.au』

コーチェラ・フェスでジョニーとの共演の打診があったことやアクセル・ローズとスラッシュの和解によるガンズ・アンド・ローゼズの再結成を例に引きながら、「かつてのバンド仲間であるジョニー・マーとの決裂による傷はもう癒えたか」と質問され、モリッシーは「もはやそれは、時間や傷の問題じゃない。というか単純に、その話はあまりに遠い昔のことで、この質問はもう何の意味も持ってない」と回答。

ジョニー・マー　2016年11月2日／BBC Radio4

「誰もこの亀裂の入ったバンドに関するビジネスをやってもらいたいと思っていない」、「30年、40年、一緒にいようとしたわけではない。僕らはR.E.M.でもない、U2でもない。ナンセンスだ。70曲の貯蓄がある。それで十分だ」と語り、自身がやりたいのは今後映画や他の人とレコードを作っていくことであり、「だから、今やっていることで十分幸せ」と語った。同様のことは、2016年11月『Esquire』でも語っている。

のような色気は見せず、「再結成は、ない」と依然として言い張っている。

そんなこんなで浮かんではズタズタに踏みつけて消され、浮かんではまたボロボロに引きちぎられて消されたスミス再結成説、２０１６年になってオーストラリアのニュースメディアに対して、モリッシーは落ち着きを取り戻したかのように客観的に語っている。コーチェラ・フェスでマーとの共演の打診があったことや、アクセル・ローズとスラッシュの和解によるガンズ・アンド・ローゼズの再結成を例に引きながら、「かつてのバンド仲間であるジョニー・マーとの決裂による傷はもう癒えたか」とインタビュアーに尋ねられ、

「もはやそれは、時間や傷の問題じゃない。というか単純に、その話はあまりに遠い昔のことで、この質問はもう何の意味も持ってない」

（２０１６年8月3日『news.com.au』）

と、答えた。ここで「遠い昔」と訳した〝remote〟は、「隔絶された」とか「関係が薄い」という自分や現在との「接点のなさ」を内包した言葉だ。モリッシーがジョニー・マーと決裂し、スミスが終わったことはモリッシーにとって単なる〝a long time ago〟ではないのだ。地続きの過去ではなく、一回自身から切り離した過去なのである。スミス解散で負った傷、それが癒えるくらいの傷であれば、とっくに再結成しているのかもしれない。

「ザ・スミス」との本当の決別

モリッシーの言う「遠い昔」。それは30年以上も前。私は16歳だった。１９８７年8月1日に『ＮＭＥ』がジョニー・マー脱退を報じた。ラフ・トレードはそれを正式に認め、かわりのギタリストを探していると声明を出した。しかし、その後9月第2週にスミス解散は正式に報じられた。私はそれを音楽誌『ロッキング・オン』主催の「レーザーディスク・コンサート」（昭和の時代を感じるイベント名だ）の会場で、速報で知った。司会の山崎洋一郎氏だったかがそれを告げると、私も聞こえているのに隣に座っていた見知らぬ男性が「スミス、解散したんだって！」と言ってきた。驚いて、自分で自分に言い聞かせようとつい声に出したかのようだった。見知らぬ者同士、顔を見合わせて何度も「えっ!?」と言い合った。認めたくない事実は、脳が拒否するのか、聞こえているのに頭に入ってこない。本当のショックを受けると人は「無」になるのだと、はじめて知った体験だった。当時はネットもなく、イギリスの音楽紙などもすぐに手に入れることはできず、情報もないまま、ただひたすらスミスのアルバムを聴いた。解散後、オリジナル・アルバムとしては遺作とも言うべき『Strangeways, Here We Come』が発表されたが、いちいち悲しい歌ばかり（のように聞こえて）、ちゃんと聴けなかった。好きな歌ばかりなのに、いまだにシ

Thorns in sides, anyone?

SMITHS TO SPLIT

THE SMITHS look likely to call it a day after the release of their next album in September, and insiders are blaming a personality clash between Morrissey and Johnny Marr—the group's nucleus and songwriting partnership—for the split.

There's no official word from Rough Trade, apart from a rather flippant dismissal from Mozzer, but *NME* understands that relations between the two main men are so bad that they won't even enter the same studio together.

And promoters have been instructed not to arrange any live shows, either in Europe or America, to promote the new material, it is believed.

Morrissey, when approached through his press office for a comment, said: "Whoever says The Smiths have split shall be severely spanked by me with a wet plimsoll".

While *NME* newshounds await the arrival of young Steven armed with soggy footwear, sources in both London and Manchester continue to feed us with snippets which point towards the decline of the nation's top indie band:

- Marr has reportedly told friends in Manchester than he and Morrissey are no longer pals, and he is sick of the singer acting the self-centred star. He says the working relationship has also suffered considerably.
- Morrissey is not pleased with the company Marr is keeping, acting the guitar hero and playing on albums by Keith Richard, Bobby Womack and Bryan Ferry.
- The final straw was allegedly Marr interrupting Smiths recording sessions to fly to the States to record with Talking Heads, and using Rough Trade money to pay for the trip. Insiders say Morrissey blew his top and declared it was the end of The Smiths, and he never wanted to work with Marr again.

In Manchester last weekend, a friend of Johnny Marr's told an *NME* mole:

"I'm surprised that the press hadn't got hold of this earlier. It's been brewing for months. Marr and Morrissey haven't spoken to each other for three and a half months. There's a situation where they now see it as backing down to do so."

As mentioned earlier, Rough Trade have said next to nothing, and EMI—who are due to release Smiths material in 1988—are none the wiser. But what about the secondary characters in the band? In/out bass player Andy Rourke could not be contacted, but a series of calls to drummer Mike Joyce hinted that all was not well.

The phone was answered by a young woman who, discovering it was the *NME* on the line, said Joyce wasn't in and wouldn't be back for a few days.

When told we wanted to ask Joyce about the break-up of the band, she said, "He doesn't want to comment on that. He has nothing to say". No surprised reaction, no flat denial.

Meanwhile, The Smiths' next single, 'Girlfriend In A Coma', will be released by Rough Trade on August 10. The album, 'Strangeways, Here We Come', follows on September 28.

The single is backed with 'Work Is A Four Letter Word', a cover of a Cilla Black song from the 1968 movie of the same name. The 12-inch features an extra Morrissey/Marr track, 'I Keep Mine Hidden'. Shelagh Delaney is the sleeve cover star.

'Strangeways, Here We Come' is The Smiths' last studio album for Rough Trade—and their last ever?—before the planned move to EMI. It was recorded in Bath, produced by Morrissey, Marr and Stephen Street, though not necessarily all at the same time.

The full track listing reads 'A Rush And A Push And The Land Is Ours', 'I Started Something I Couldn't Finish', 'Death Of A Disco Dancer', 'Girlfriend In A Coma', 'Stop Me If You Think You've Heard This One Before', 'Last Night I Dreamt That Somebody Loved Me', 'Unhappy Birthday', 'Paint A Vulgar Picture', 'Death At One's Elbow' and 'I Won't Share You'.

A *South Bank Show* on The Smiths, which could turn out to be their swansong, will be screened in the autumn.

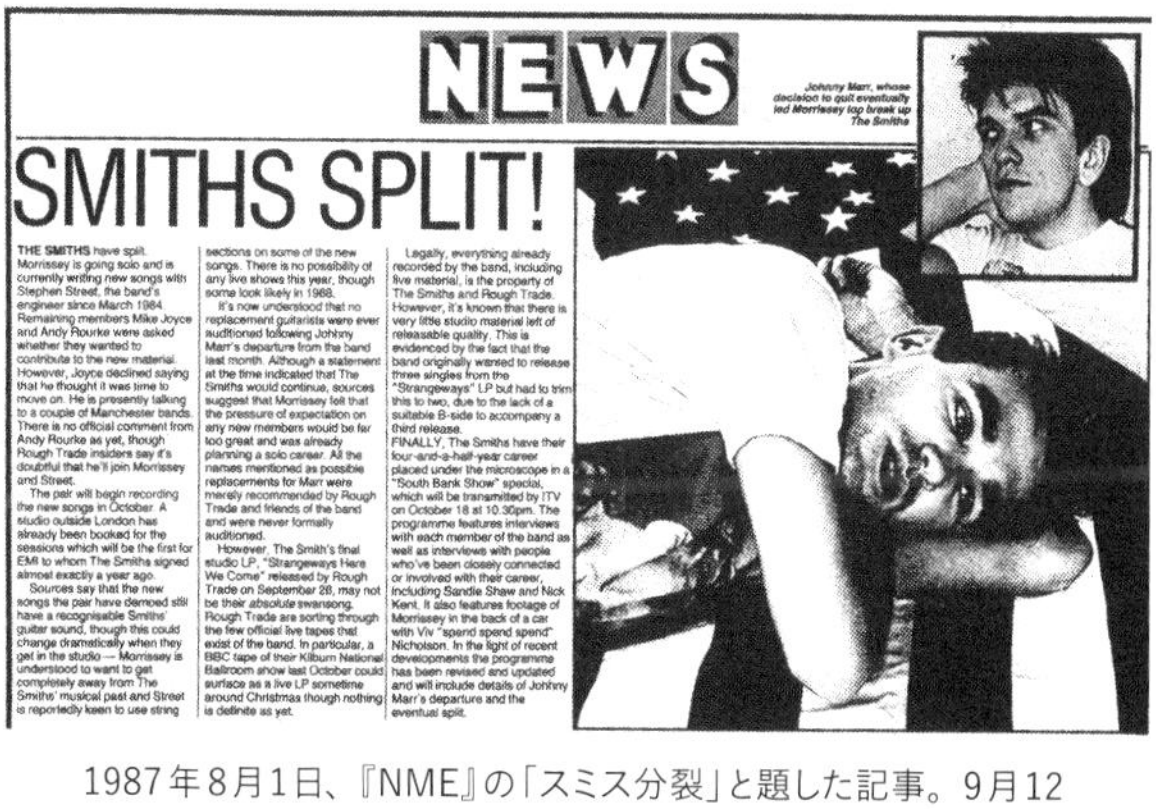

NEWS

SMITHS SPLIT!

Johnny Marr, whose decision to quit eventually led Morrissey to break up The Smiths

THE SMITHS have split. Morrissey is going solo and is currently writing new songs with Stephen Street, the band's engineer since March 1984. Remaining members Mike Joyce and Andy Rourke were asked whether they wanted to contribute to the new material. However, Joyce declined saying that he thought it was time to move on. He is presently talking to a couple of Manchester bands. There is no official comment from Andy Rourke as yet, though Rough Trade insiders say it's doubtful that he'll join Morrissey and Street.

The pair will begin recording the new songs in October. A studio outside London has already been booked for the sessions which will be the first for EMI to whom The Smiths signed almost exactly a year ago.

Sources say that the new songs the pair have demoed still have a recognisable Smiths' guitar sound, though this could change dramatically when they get in the studio — Morrissey is understood to want to get completely away from The Smiths' musical past and Street is reportedly keen to use string sections on some of the new songs. There is no possibility of any live shows this year, though some look likely in 1988.

It's now understood that no replacement guitarists were ever auditioned following Johnny Marr's departure from the band last month. Although a statement at the time indicated that The Smiths would continue, sources suggest that Morrissey felt that the pressure of expectation on any new members would be far too great and was already planning a solo career. All the names mentioned as possible replacements for Marr were merely recommended by Rough Trade and friends of the band and were never formally auditioned.

However, The Smith's final studio LP, "Strangeways Here We Come" released by Rough Trade on September 28, may not be their *absolute* swansong. Rough Trade are sorting through the few official live tapes that exist of the band. In particular, a BBC tape of their Kilburn National Ballroom show last October could surface as a live LP sometime around Christmas though nothing is definite as yet.

Legally, everything already recorded by the band, including live material, is the property of The Smiths and Rough Trade. However, it's known that there is very little studio material left of releasable quality. This is evidenced by the fact that the band originally wanted to release three singles from the "Strangeways" LP but had to trim this to two, due to the lack of a suitable B-side to accompany a third release.

FINALLY, The Smiths have their four-and-a-half-year career placed under the microscope in a "South Bank Show" special, which will be transmitted by ITV on October 18 at 10.30pm. The programme features interviews with each member of the band as well as interviews with people who've been closely connected or involved with their career, including Sandie Shaw and Nick Kent. It also features footage of Morrissey in the back of a car with Viv "spend spend spend" Nicholson. In the light of recent developments the programme has been revised and updated and will include details of Johnny Marr's departure and the eventual split.

1987年8月1日、『NME』の「スミス分裂」と題した記事。9月12日、解散を報じる『メロディー・メイカー』は慌てたのか、ジョニー・マーと間違えてマイク・ジョイスの写真を使用。

ョックで茫然自失としていた当時の記憶がよみがえってきて、聴くのが少し苦手なアルバムだ。

そんな「スミス解散」でショックを受けたのは、ファンだけでない。いちばんショックを受けたのは、当事者のモリッシーだった。彼は、『NME』がジョニー・マー脱退をすっぱぬくまで、自分のいるバンドが「解散」することも知らなかったのだ。

解散直後からソロアルバム『Viva Hate』を1988年に出すまで、対応メディア数も絞っていたようだが、1988年2月13日の『NME』（モリッシーの上半身ヌードが表紙）のインタビューでは解散にまつわる様々な噂を否定していた。その噂とは、彼とマーの不仲の数々が解散を引き起こしたというもの。モリッシーがマーのインストゥルメンタル・ナンバーをシングルB面に使うのをいやがったり、他のミュージシャンとの付き合いをいやがったり、またマーがモリッシーとプロデューサーのスティーヴン・ストリートとの仲に嫉妬したというものなど。このインタビューでは、「ジョニーはほんの子ども、まだ24歳」だし、いざとなれば「再結成には100パーセント賛成」とまで言っている。ソロアルバムのレコーディングをしても、彼のなかでは「ザ・スミス」を終わらせきれていなかったのだ。マーとはその前年の5月以来会ってないので、どのような状態なのかもわからないからこそ、まだスミスをやれるという期待もあったのではないか。ちょっと他で「スミスではやれないこと」を自由にやったら気が済んで、スミスに戻ってくるのではないか、そう期待していたのではないだろうか。

しかしほんの子どもだったはずのマーは、大人になっていた。1987年末にはさっさとザ・プリテンダーズに在籍してツアーに参加し、1989年からはザ・ザのメンバーとなった。同年には、ニュー・オーダーのバーナード・サムナーとエレクトロニックを結成した。数々のミュージシャンと仕事をして忙しいようで、モリッシーには何ひとつ連絡をしてこない。

ずっとわだかまっていたのか、1992年、モリッシーは解散以来なんと5年ぶりに、マーに連絡を取っている。「氷山をかち割るため」何かをしたかったのだという。マーからは手書きの返事が、すぐに来た。

「親愛なるモズ

先週の手紙、そして心配してくれていること、心からありがとう。僕と連絡をとることはどんなに頭も心も痛いものだったろうって、わかってるよ。いちばんに君にわかってもらいたいことは、もう僕たちが友だちじゃないってことを、僕が後悔していることなんだ。

やっと最近気づいた。きっと君は僕がスミスを離れた本当の理由はわかってないんだろうってことに。これを言うのはぞっとするし、言いにくいんだけど、あえて言うと、ザ・スミスにいた僕たちは、正直言って僕が大嫌いなタイプの人間になってしまっていたと

思う。僕には、ソロのギタリストになる野心なんてないんだよ。自分以外の誰も非難するつもりはない。でも自分の人生をまっとうにする第一歩を踏み出せたことは、ただ嬉しいんだ。

手紙をもらって、君にちゃんと事情を説明するたったひとつの方法は、そっちに行って直接会うことだと思った。そして君に嫌な思いをさせたことが悔やまれるよ、いろんなつまらない事情からそうさせてしまったから。

君に近いうち会えますように。

愛をこめて、ジョニー」

（『Autobiography』）

マーもまた、モリッシーと連絡をとりたかったのだろう。バンドと一緒に彼との友情まで崩壊させたことの後悔がうかがえる。「ソロのギタリストになる野心なんてない」というのは、様々なバンドの一員として演奏する自分を弁護しての言葉だろうか。それでも、余計なプレッシャーから解放されて、ただ与えられた役割のなかでギターを自由に弾けるという、その喜びはモリッシーには伝えたかったのだろう。それから1週間後、マーは愛車メルセデス・ベンツで、モリッシーの母親宅に現れ、ふたりでドライブに出かけた。

「結局、最後に何が起きたか、いきさつの全容を、君は本当には知らないよね？」

そう問うマーに、モリッシーは、

「知らない。何も、知らない!!」

と叫んだ。おおジョニーよ、君は償うことが多すぎる。これは、モリッシーにとってあまりにデリカシーのない問いかけだと思う。最後に何が起きたか、そんな全容など、後から聞かされたところで時すでに遅しだ。きっとマーが言いたかったのは、後にインタビューでも語っているように（２０１６年10月29日『Guardian』）、スミスがプロのマネージャーをクビにしてしまったため、マーがギタリストと並行してバンドをマネージメントしなければいけないプレッシャーに耐えられなかったから、とかそういう「いきさつ」だったのだろうか。しかし、もし当時のモリッシーがそれを知っていても、何ができたわけでも、もしできていたとしてもその時それをしたかったかもわからない。彼にとって、過去に何が起きたかがではなく、自分の人生に多大な影響を与えたジョニー・マーが、今の自分にとって「何であるか」を確認したかったのではないか。

スミスの崩壊に関して、モリッシーはあることないこと噂され、トラブルに巻き込まれた。その主な理由は、彼が「なぜザ・スミスが解散に至ったか」を人に説明できず、逃げ口上を操ることさえできなかったからだ。すると根も葉もないうわさばかりがひとり歩きするようになった。なぜモリッシーは5年間もの間、そんな辛さに耐えられたのか？　それはやはり、ジョニー・マーという奇跡のパートナーと、また再び何かできると期待していたからに思える。「ごめん、それでもスミスが、ジョニーが、好きなんだ」。そんな声にならない嗚咽を喉奥にため込んだ、試練の日々だったのではないか。モリッシー患者の私は妄想して、モリッシーのかわりに泣きそうだ……。

しかし、目の前に現れたマーには何も言えず、マーも具体的にどうして自分がスミスを離れたのかは、モリッシーが望む形では話さず仕舞いだったようだ。「終わり」とは「はい、ここから線引いて終わりです！」という終わり方はしないのかもしれない。ゆっくりと近づいてきて、予測もできず、でも、終わった途端にわかるのだ。そしてひとたび終わると、なぜ終わったのか、わかるのだ。具体的な言葉を交わし合わなかったのに、モリッシーがいちばん確認したかったことは明らかにわかった。かつて、「自分のライフライン」、「なくなったら死ぬ」、「ずっとやり続けたい」とまで言っていた彼が愛したバンド、ザ・スミスは終わったのだ。同時に、ジョニー・マーとの関係も、終わった。彼にはそれが、わかった。

「ザ・スミスは私の人生最初の喜びだった。それが、計り知れない後悔に成り果ててしまった。グループはからからにひからびてしまったのだ。だから解散した。バンドとしての力が減ったのだ」

（『Autobiography』）

マーと会い、完全にスミスの終わりを確認したモリッシーは、そう振り返っている。傷ついても、その成果はあった。それは、過去との本当の「決別」。もうこれ以降、彼は前しか向かない。その翌年から録音され1994年に発売された『Vauxhall And I』は、イギリスでファースト・アルバム『Viva Hate』以来のトップ1を記録し、アメリカでもチャート18位に入るヒットとなった。鬱々としたアルバムだと評されることも多い。たしかにそうかもしれない。しかしこのアルバムには「前向きな諦念」を感じる。きっぱり過去に線を引いて振り向かず、しがみつくことや期待することから離れた気持ち。1曲目の「Now My Heart Is Full」では、うんざり感や憂鬱な気持ちの後に、

「胸がいっぱいだ／心が満ち足りている／どうしてなのかうまく説明できない／だからなんとか説明してみようとも思わない」

――「Now My Heart Is Full」

と歌い、最後の曲「Speedway」では、

「君の名前を言えばよかった／ついでに君を罪悪感の中にひきずりこんだってよかった／君に対してはいつだって誠実だった／僕なりの変なやり方でだったけど／君に対してはいつだって誠実だった／僕なりの病んだやり方でだったけど／これからもいつだって誠実でいるよ」

――「Speedway」

と、締めくくっている。勘繰り過ぎかもしれないが、過去への、マーへの、決別状のように思えてしまう。アルバムを通じ、絶望し、諦め、でも今は満たされ、これからだって自分の思う通りに生きるという静かながら揺るぎない決意が伝わってくる。

そしてウォルバーハンプトンでのはじめてのソロライブ以降、モリッシーはスミスの曲を封印してきたが、1995年2月3日のライブのアンコールでの「Shoplifters Of The World Unite」を皮切りに、スミスの曲を歌いはじめている。解散からは7年もかかったが、何かをふっきったかのような、ソロ・アーティスト人生を歩み出した。当時の『ロッキング・オン』のインタビューでは、スミスの曲を再び歌いはじめたその理由を、「一人前のソロ・シンガーになったから」と語っていた。言い方を変えれば、スミスの呪縛から解き放たれたのだろう。以降、スミスの曲

がセット・リストで占める割合は増え続け、多い時は20曲中8曲がスミスの曲だ。スミスに決別したからこそ、モリッシーが今や人生を捧げている、「ソロ・シンガーとしての人生」がはじまったとも言える。

２０１２年10月、イギリス音楽誌『ＭＯＪＯ』のザ・スミス特集で、スミス・モリッシー研究本の著者でもある音楽ジャーナリストのサイモン・ゴダードは、モリッシーがライブで「Still Ill」を歌うのを評して「スミス再結成は今後ないだろう。モリッシーが同時にふたつのことをやるのは無理だ」と語っていた。ソロとしてキャリアを重ね、「モリッシー」というひとつのことに専念しているシンガーが、今さらスミスまでやるのは、あり得ない。「今」に忙しいのだ。私も、そう思う。

モリッシーとマーの密談

今まで、現れてはマーがぶっつぶし、それに負けじとモリッシーがぶっつぶしてきた、ザ・スミス再結成説だが、２０１６年に出版されたマーの自伝、『Set The Boy Free』により新たな事実が明らかになった。

２０１６年10月29日、マーが自伝刊行に関する『The Guardian』のインタビューで明らかにしたのは、2008年9月におよそ10年ぶりに再会したモリッシーと、ザ・スミス再結成について、マンチェスターのパブで話し合ったということだった（マーによると、実際には好きなレコードやバンドの話がメインだったようだ）。

しかしその日は、再結成の話は保留のままハグし合って別れ、それから数日間のやりとりのなかで、「再結成はかなり現実になりそうになった」と語っている。しかし、彼がクリブスとのツアーでメキシコに旅立った後、モリッシーから返信（メールのやりとりだったのだろうか）がこなくなったそうだ。この話は、「スミスにまつわる新事実」として、各メディアでも報じられた。

世界中のファンたちの間にはどよめきが起こった。「2008年に再結成密談があったのか！」、「でも、モリッシーが連絡返さなかったからなくなったのか！」、「あと少しだったのに！」、「てことは、まだ可能性があるかもしれない！」という反応は、当然だった。しかし、冷静に考えてみなくてはならない。この再会の直後の2008年12月、マーはBBCラジオにて再結成の噂を全否定しており、当時はクリブスの活動に忙しく、「過去に戻る計画はない」と言っていた。翌年2月には、モリッシーも改めてスミスの再結成を否定している。巧妙な「照れ隠し」ではなく、やはり「再結成未遂」ではなかったからではないか。会ったのも、再結成の可能性について話し合ったのも事実だろうが、いまいちすべてを信用できない心に茨を持ちすぎた私は、この「新事実発覚ニュース」の後、マー自伝の原書『Set The Boy Free』を読んでみた。

「不意に、僕らはバンド再結成の可能性について話した。そして、正しい意図があるなら再結成もあり得るし、むしろ素晴らしいものになるように一瞬思えた」

（Johnny Marr『Set The Boy Free』）

と記されていた。たしかに再会において、再結成の可能性について話してはいるが、それは「あり得ること」で「素晴らしいものになるように一瞬思えた」のは、主語「マー」であって、ふたりでそう合意した訳ではない。そしてこの後のメールのやりとりで「再結成が現実になりそうになった」、「新しいドラマーを探さねばならないけど、それも良し」、「多くの人がハッピーになる」、「それぞれ積んできた経験を考えれば、かつて以上に良いものになる」と思っている主体もあくまでも、マーである。自伝によれば、モリッシーとまたかつてのようにやりとりができるようになったことを心から喜んだマーは、クリブスのメンバーに「俺、スミスとしてライブでまたギター弾いちゃうかもしれない！」と話したそうだ。しかし、それもモリッシーとそう言い合った訳ではない。言ってみれば、マーの「希望的観測」だ。

夢のようなマーの妄想劇場は4日間で終わってしまう。メディアでも報じられていたように、モリッシーとの対話が続いた後、マーがクリブスのメンバーとメキシコに旅立ったら、そこでモリッシーからの返信が途絶えてしまったからだ。またまたここだけ読むと、マーの失望も伝わってくるし、お約束の「モリッシー自分勝手」イメージが強まってくる。そもそも、4日間でなされた「モリッシーと僕の対話」とは、どんなものだったのだろうか？

再結成の可能性についてウキウキとメールをしてくるマーに対して、モリッシーは肯定も否定もしないから、ますますマーに「ありなんじゃないか⁉」と期待されたのではないかと憶測してしまう。

さて、ここから、マーに代わり私の妄想劇場である。もちろん、マーと同じくモリッシーも、再会できたことは嬉しかった。かつてのようにやりとりをできることを、心から喜んだ。けれども当時、マーはクリブスに在籍中でレコーディングの途中、モリッシー自身もアルバム『Years Of Refusal』のレコーディングを終え、リリースを控えていた。それぞれが前を向き、確固たる自分の音楽道に進んでいる真っ最中の身。それなのに、「過去のリサイクルをして人を喜ばせようだなんて、おいジョニー…そんなことを今さらするために、我々はスミスを終わらせたんじゃないだろう」と思ったのではないだろうか。モリッシーは決して「スミスが嫌」だから再結成したくないわけでも、「マーが嫌」だから一緒にプレイしたくないわけでもない。2011年のインタビューでも、再結成しないのならせめてマーとふたりで、また一緒にステージに立つのはどうかと問われ、こう言っている。

「スミスは音楽的にあまりに素晴らしく、あまりに完璧で、そして終わった。それは運命だった、と私が確信していることだ。なるべくしてなったことなんだ」

（2011年6月17日『Daily Telegraph』）

スミスは完璧すぎて、そしてもう終わった。そう確信しているモリッシーは、再会に喜び、「これ以上」の夢を描きはじめたマーになんと言ったらいいのかわからないから、いきなり返信をやめてしまったのではないか。

お互いにタイミングが合わなかっただけの話かもしれない。今後はもしかしたらあるのかもしれない。しかし、2008年のその時点では一瞬の夢で終わってしまったようだ。マーの自伝でそのくだりは、夢から覚めたような、悲しみを通り越した虚無的な筆致で描かれていた。夢は夢、しがみつけない。しがみつけないから、とてつもなく、美しく完璧。かつて「Still Ill」で奏でられたマーのギターリフとモリッシーの歌が、予言のように響く。

「でももう僕らは古い夢にはしがみつけない／ああ、だめだよ。あの夢にはしがみつけない」

──「Still Ill」

2018年3月にオープンした自身のサイト『MORRISSEY CENTRAL』に掲載されたインタビューで、モリッシーはスミスを今も聴くかと聞かれ、

「いや。スミスは美しかったが、なくなった。私が今誇りに思っているのは『Low In High School』(…などのソロ・アルバムを羅列)。ソロの作品たちこそが、私自身だ。それに対して、スミスはすばらしかったが過去の一時期にすぎなかった。自分のソロ・アルバム抜きの人生なんて想像できない」

(2018年4月16日「There Is A Light That Must Be Switched On」)

と、改めてスミスは通過点にすぎず、「今が大事」という主張を繰り返している。いまだメディアのインタビューで、言及もしていないスミスの写真が使われたり、記事の見出しにスミスの歌詞が引用されたりすることにうんざりし、メディアが今の自分を見ようとせずに80年代に無理やり引き戻してスミススミス言っていることには、「病的な感傷」を感じている。スミスだけではない。どんなに美しいものでも、古い夢にしがみ続けていたら「まだ病気」(〝still ill〟)ということだ。健康というのは、毎日新しい一日をはじめ、前を見て今やるべき自分の本分をまっとうすること。その意味でモリッシーもマーもそれぞれ、とても健康的なソロミュージシャンである。

「モリッシーしかいない」

思えばスミスからマーが脱退し、バンドが解散した時、マーはたった23歳だ。5歳の時に母親にギターを買ってもらって以来、ずっとギターと一緒のマンチェスターの青年が、自分たちでは制御不可能なほど膨張した「ザ・スミス」という塊に、嫌気がさして、あるいは恐れをなして、離れていったのは当然のように思える。彼はそれを後悔などしていないだろう。当時の彼は、どうしても、そうせざるを得なかったのだから。

マーはインタビュー（2016年10月『Q』）で、スミスを脱退・解散したことは長い間本当につらかったと告白している。その想いがわかるのは、「長年、ザ・ビートルズを解散させたと非難されてきたヨーコ・オノしかいない」と感じているという。しかし、「選択の余地はなかったとだけ言える。長い間かけて築き上げてきた想いだった。衝動的ではなかった」と、確信を持ってスミスから離れたことを明言している。ただ、バンドの終焉とともに失った、モリッシーとの友情に関してはずっと後悔していた。彼は自伝のなかで、まことしやかに囁かれているありとあらゆるスミス時代の話や再結成に関する噂は真実ではないが、再会時にモリッシーが口にしたあることを真実だと認めている。

「今さらどうしようもない過去のことではあるけれど、どんな我々の関係が自分たちの外の世界にいいようにされてきてしまっていたか、そしてそれはたいてい悪いやり方であったということを、モリッシーは語りはじめた。僕も、彼も、ミュージシャンとしての人生のほとんどをお互いの存在によって定義づけられてきた。彼がそう口にしてくれて、とても嬉しかった。なぜならそれは真実だからだ」

（『ジョニー・マー自伝』）

自分たちのミュージシャン人生をお互いが定義づけて、今がある。今は、「外の世界にいいようにされない、自分の音楽人生を歩んでいる。時を経て、その真実の共通認識を持てたことはマーにとっても、モリッシーにとっても、再結成で人を喜ばせることより何より、嬉しいことだったに違いない。

だからこの「密談」の直後、マーは「過去に戻る計画はない」と言い、翌年2009年2月に、BBCのラジオでモリッシーは、「私は今がとても気に入っている」と言っている。マーは後に、「モリッシーとの間にあった親密さを懐かしむか？」と聞かれ、「いや、そんな感情は今音楽にあるし、自分自身の音楽に見出せるから」と答えている。スミスが完全に終わり、モリッシーが真の歌手になったのと同じように、マーも真のギタリストになった自信の表れだろう。かつて同じバンドに属し「ミュージシャンとしての人生のほとんどをお互いの存在によって定義づけられてきた」のは、それぞれにとってとても良い、幸運なことだ。それこそが「元ザ・スミス」という肩書の意義であり、その意義はそれぞれの現在の活動によって果たされるものでなければならない。ふたりは十分にそれを証明している。

よく、「モリッシーがマーにふられたから」、「ふたりが不仲だから」、スミスは解散し、再結成もできないのだと噂されるが、実際にはふたりは相性が良く、「合う」人間同士なのだと思う。そもそもマーは、あの気難しい、人嫌いと言われているモリッシーがひと目で息投合したくらいの人物なのだ。一緒のバンドにいなくても、一緒につるまなくても、見ている方向が同じで、通じ合っているものがある。それは解散という月日を経て、より、深いところで実感されているのではないか。

２０１０年12月、マーは、はじめたばかりのツイッターで何気なくこうつぶやいた。

「デヴィッド・キャメロン、ザ・スミスを好きとか言うのをやめろ。好きでもないくせに！お前がスミスを好きと言うのを禁ずる」

（２０１０年12月1日）

当時のイギリス首相キャメロンが野党党首時代に「This Charming Man」を「無人島で聞きた

い曲」のひとつに選び、スミス好きを公言していたのを「人気取り」と思いイラついたようだ。このツイートはあっという間に拡散され、ＢＢＣニュースやニューヨーク・タイムズからもインタビューを申し込まれたという。

このマーの「嫌キャメロン」に同調したモリッシーはその後のラジオ番組のインタビューで、

「キャメロン首相が楽屋を訪ねてきたら、ドアを開けないで追い返してやる」

（２０１１年4月20日『Front Row』）

と発言。デヴィッド・キャメロンは猟好きで牡鹿を殺すような奴、それはザ・スミスが体現していたありとあらゆるものを否定しているからと、ここぞとばかりにマーに乗っかった。私はこの時、「おお〜!! いいぞ、いいぞ！ これぞふたりの再結成！」と気分が高まった。求めていたものはこれだと思った。

マーのキャメロン・ディスりツイートは数週間にわたりイギリス・マスコミで取り上げられ、ついには２０１０年12月8日、イギリス議会下院本会議の質疑応答で野党労働党ケリー・マッカーシー議員からも、ツッコまれることになった。イギリスとは、恐ろしい国だ。

「ザ・スミスの熱烈なファンである総理は、モリッシーとジョニー・マー両名から好きになることを禁じられたと聞いて、さぞかし落胆したであろうと想像に難くありませんが（ここで議会内、大爆笑）、そもそもザ・スミスというのは典型的な学生受けのするバンドでもあります。明日の評決で学生の学費負担増を実現させた場合、総理は学生たちがどういう曲を聴くだろうと思いますか？『Miserable Lie（みじめな嘘）』でしょうか？『I Don't Owe You Anything（君に何の借りもない）』、あるいは『Heaven Knows I'm Miserable Now（今、僕がみじめなことは、神に誓って確かだ）』でしょうか？」

それに対してキャメロン首相は、

「私がその場に姿を現したら、おそらく『This Charming Man（このチャーミングな男）』はかけてもらえないでしょうが、（外務大臣の）ウィリアム・ヘイグと行ったなら『William, It Was Really Nothing（本当に何でもなかったんだよ、ウィリアム）』ということになるでしょうか」

と答えた。イギリス国会を「笑点」と間違えていないだろうか？　まあ、アドリブでスミスの曲名をスラスラ出して、キャメロン首相としてはうまいことを言ったつもりだろうが、マッカーシー議員が聞きたかったことの質問の答えにまったくなっていない。
ここでマッカーシー議員が言及した「裁決」とは、キャメロン首相が選挙前の公約に反し、大学授業料を上限額3290ポンド（約48万円）から、3倍近い9000ポンド（約130万円）にまで引き上げるとした予算法案のことである。ロンドンの街では5万人近いデモが展開された。こんな「茶番」な国会を経て法案が可決された12月9日、ロンドン市内の抗議集会では警察と学生が衝突。そこで、金髪ショートカットのエレン・ウッドというひとりの女性が、国会議事堂の前で自分たちを制圧する強靭な機動隊を上から見下ろし立ち向かっている写真が、マーのところに届いたという。エレンが着ているのは、スミスのアルバム『Hatful Of Hollow』のTシャツだった。国会議事堂、そこはスミスを人気取りに使うような「偽物」がいるところ。それに立ち向かう「本物」は何にもひるまず、スミスのTシャツを着て戦っている。マーはこれに感激してこう記している。

「彼女がザ・スミスのTシャツを着ていたことの意義は大きな衝撃だった。僕らが作った音楽を除けば、あの写真ほどザ・スミスが残した遺産の、最もパワフルな証はないと思った。国会議事堂、その前に立つザ・スミスのTシャツを着た女性。ポップ・ミュージックがこれほどパワフルだったことがあっただろうか。あの日、僕がノックした家のドア。そこを出発点としてグループは生まれ、あそこまでシンボリックな存在となったなんて、信じられない

2010年12月9日、大学授業料3倍値上げ法案の可決を受け、ロンドンでは大規模な学生デモが行われた。国会議事堂の前で、スミスTシャツで抗議する学生エレン・ウッド。
（Oli Scarff/Getty Images News/Getty Images）

気持ちだった」

（『ジョニー・マー自伝』）

この気持ちを共有できる人間はたったひとり、「モリッシーしかいない」と思った。長いこと、きっと2008年に連絡が途絶えて以来だろうか……連絡をとっていなかったモリッシーに、メールでその写真を送ってみた。すると数分としないで、返信が来た。モリッシーもマー同様に驚き、感銘を受けていたという。

もう、それで十分じゃないかと思う。モリッシーも、マーも、ザ・スミスが好き。もう後悔も未練もない。そこで成し遂げたことに誇りを持ち、その気持ちを共有し合う、これぞ金目当てやマーケティングに侵食され、またファンへのサービスやノスタルジーによりかかった「再結成」よりよっぽど意義があるのではないか。

2017年10月20日、『The Queen Is Dead』がリマスターされ、「デラックス・エディション」で発売された。「2017マスター・バージョン」と「アディショナル・レコーディングス」のCDのふたつ折り紙ジャケットを開いて驚いた。見開きで飛び込んできたのは、マーとモリッシーが共有した、国会議事堂前で機動隊を見下ろす、勇ましいエレン・ウッド。そのジャンヌ・ダルクは、「ザ・スミス」Tシャツで武装していた。それを見た時、どうしようもなく、涙が止まらなくなった。今もこう書いていていて、思い出すだけで泣きそうだ。

実は、冒頭で触れた「モリッシー・ナイト」で、常連のお客さんが、この写真を引き伸ばして特大ポスターにして持ってきて、会場に貼ってくれた。スミスの曲が鳴り響く会場で、フロアのライトを浴びてとてもかっこよく目立っていた。その写真は、「スミスのあった過去」と、「スミスがあったからある現在」をつなぐ象徴のように思えた。

ザ・スミスはあった、しかし今はない。でもこうやって、今もずっと生きている。

モリッシーが誇りに思うザ・スミス&ソロのベスト10枚

（2011年12月27日『True To You』）

1 『Years Of Refusal』（2009／UK3位、US11位）

2 『Ringleader Of The Tormentors』（2006／UK1位、US27位）

3 『You Are The Quarry』（2004／UK2位、US11位）

4 『Vauxhall And I 』（1994／UK1位、US18位）

5 『Strangeways, Here We Come』（1987／UK2位、US55位）

6 『Rank 』（1988／UK2位、US77位）

7 『Louder Than Bombs』（1987／UK38位、US52位）

8 『Bona Drag』（1990／UK9位、US59位）

9 『Southpaw Grammar』（1995／UK4位、US66位）

10 『Your Arsenal』（1992／UK4位、US21位）

4時間目
「性と愛」
性差のしがらみを超える

モリッシーの「ラブ」なソング3選

♫ Whatever Happens, I Love You（『World Of Morrissey』）

♫ Pashernate Love（『My Early Burglary Years』）

♫ My Dearest Love（『Swords』）

ヒューマセクシャル宣言

2013年10月の自伝発表後、「モリッシーはやっぱりホモセクシャルだった！」説が、世界をかけめぐった。それまでも「噂」のあった、ジェイク・オーウェン・ウォルターズという付き人的な役割を担っていたカメラマン男性との2年間の親密な関係を、自伝で明るみにしたのだ。その直後にモリッシーは、ファン・サイト『True To You』にコメントを掲載した。

「残念ながら、私はホモセクシャルではない。厳密に言うと、私はヒューマセクシャル（〝humasexual〟）ということになる。私はヒューマン（人間）に惹かれる。とはいえ、滅多にあることではないが」

（2013年10月19日『True To You』）

それまで、「ホモセクシャル」と明言したこともなかったが、「ホモセクシャルではない」と明言したこともなかった彼がわざわざこのようなコメントを発表したので驚いた。またはじめて「ヒューマセクシャル」という、聞き慣れない「性志向」であると宣言した。これはモリッシーの造語である。

「ホモセクシャルじゃないなら恋愛対象は女？」、「じゃあ両刀なの!?」「誰も愛さないアセクシャルなの!?」と考えがちだが、その世間からの邪推をすべてをひっくるめた上で自分は、「どれでもない、ヒューマセクシャルだ」と定義している。ヘテロセクシャルが「異性愛者」、ホモセクシャルが「同性愛者」なら、ヒューマセクシャルは「人間愛者」と訳せばよいのだろうか。

モリッシーはよく「人間嫌い」と言われてきた。メディアで有名人は、好きな人のことは語るが、「あの人嫌い」とはあまり言わない。モリッシーは「あの人嫌い」とすぐ言うので、センセーショナルな記事にされやすい。だから目につく。いろいろな人間の悪口ばかり言っている偏屈オヤジというイメージだろう。しかし、歌を耳にし、ステージを目にした多くのファンが、彼が歌で伝える「愛」に感銘を受けている。自分のまわりのファンを見ても、その感銘に性差がないのが不思議だ。アーティストによっては、ファンは男ばかり、女ばかりという人もいるが、彼のファンには男も女もいる。そのなかにはゲイもレズもバイもヘテロもいるだろう。彼の歌は、特定の性に向けられたものではなく、「人間」に向けられているというのが、万人の心に響きやすい理由ではないか。

本人も生物学的な男、女という立場を超越して歌っている。モリッシーは、この世の中でまかり通っている陳腐な性区分に、耐えられないのだろう。性別にこだわらない、よって、「愛の対象を性別で定義していない」と言える。「男でも女でもどっちでもいいってこと！」というより、そもそも「男か女かどっちだというのがダメってこと！」なのだ。だから、「女が好きじゃないなら、ゲイか！」、「両方好きなのか！」という、既成概念では定義できないのだ。モリッシー研究本『Saint Morrissey』のなかで作者のマーク・シンプソンは、モリッシーが「男とも女とも恋愛経験がある（不満足に終わったものの）」のなら、なぜ自身を「バイセクシャル」と言わないのかということに関して、「『バイセクシャル』では、『セクシャリティ』から抜け出せないから」と書いていて、なるほどと思った。「性差を超越する」というのがモリッシーの目指すところなのだ。それは、近ごろ聞くようになった「パンセクシャル」（全性愛者）という、性別という概念を重要視しない、性別という枠を越えて人を愛するセクシャリティと同じもののように感じる。

インタビューで彼は、「セックスに興味があるし、すべての曲はセックスに関連している」と言った上で、「私は第4の性の使者だと思っている。第3の性はもう終わった存在で、しかも失敗に終わっている」（1984年6月7日『Rolling Stone』）と言っている。第1、第2の性は男性と女性であり、第3の性とはそのどちらでもない性。同性愛者やトランスジェンダー、両性具有者が当てはまるだろうが、やはりここまでの3つの性は「性差」基準の定義だ。2017年11月、ドイツの連邦憲法裁判所が国に対して「男性」「女性」以外に「第3の選択肢」を認めるための法改正を命じる判決をやっと出したと報じられていたが、もう30年以上も前にモリッシーは「第3の性はもう終わった存在」と言っている。スミス時代から、性に関して先鋭的な感覚を持っていたと感じられる。

１９８６年10月の『Rolling Stone』のインタビューでは、「スミスの歌詞では、わざとジェンダーを不明瞭にしている」と説明している。特定の対象ではなく、「すべての人のために歌を書くこと」をとても大切に考えているというのだ。

また１９８９年２月、『ＮＭＥ』のインタビューでも彼は、「ヘテロセクシャルに関して歌っていない」と答え、「３歳半から、そういうすべてのものを超えていた。ヘテロセクシャルだとかアンブレラセクシャルだとか何でもいいけど、みんな捨ててきた」とその理由を語っている。

そんなわけで自伝で恋愛関係に触れただけで、「やっぱりホモ！」と騒がれることなど、本人からしてみれば「今さら何を言ってるんだ!?」といった心境だろう。30年近くも前からずっと「ヘテロでもホモでもバイでもない、でも誰かを愛さないわけでもない」と言い続けてきたのだから。

「男性性」への嫌悪

彼は３歳半から「ヒューマセクシャル」の傾向があったと言っているが、本当にそうだろうか。例えば私のゲイの友だちは、５歳の時、テレビドラマの男女のラブシーンを見ていて、「押し倒す側ではなくて、押し倒される側に感情移入していた」ことで自分の性志向に気づいたそうだ。

5歳でも随分早いほうだ、という印象がある。いくら性に関して先鋭的なモリッシーでも3歳半で、「あ、僕は性別にこだわった性意識は持っていないな」なんて思うのは無理ではないか。

ただ彼は、6歳くらいの時に観ていたお気に入りのテレビ番組『宇宙家族ロビンソン』で、登場人物ドナルド・ウエスト少佐とDr.スミスという人物の攻防で、「男っぽい男は、女っぽい男を憎む。それは柔らかさというのは硬さの敵だから」、そして「マッチョな男が死ぬほど退屈なのに対して、女々しい男はとても気が利いている」ということに気づいたと語っていた。たった6歳で、「マッチョな男」の単純性に軽蔑をつのらせたのだ。「男」であることだけで、それが通行手形のようになって、どこでも幅を利かせる。葛藤や迷い、マイナスからの出発に対する知恵も工夫も産みださない。ただ「男」であることの特権を無神経に振りかざしている輩の退屈さを見抜いた。

彼の育ったマンチェスターのワーキングクラスの世界は、言わば、力社会。学校でも家庭でも、力を持つ者が弱い者をねじふせる。「男性性」を保持していないと、ヒエラルキーの上には行けなかっただろう。「マンチェスターでは、すべての男性は競争相手だった」と語っていた。しかしモリッシーは、生い立ちや社会が強いてくるその、「男であれ」という強迫にやすやすと屈することはなかった。彼の成長段階において、「ヒューマセクシャル」となる前段階に、この「男にこだわることの放棄」があるのではないか。「男性性」を嫌うこと、それはイコール、ゲイだとかホモセクシャルということではない。性差のしがらみに苦悶している人間の救いとは何かを、探ることへの第一歩だったのではないだろうか。

モリッシーは2014年発表のアルバム『World Peace Is None Of Your Business』のなかで、「I'm Not A Man」という歌を歌った。直訳すれば「私は男ではない」というタイトル。いや、どこからどう見てもおっさんだろ、というツッコミが入りそうだが、モリッシーがここで言うのは、「『男性性』を売りにしている男ではない」ということだ。

「ドン・ファン、悪党、DVランニング男、冷たい手の殺し屋、喧嘩っぱやい野蛮人／男というものの特徴を言うとしたら／こんな感じにならざる得ないなら／僕は男ではない」

──「I'm Not A Man」

いわゆるステレオタイプな男たちへの、決裂宣言。この歌を聴いてすぐに思い出したのは、2013年2月、アメリカのティーン向けオンライン・マガジン『ROOKIE』に掲載されたモリッシーのインタビューだ。

「戦争とは、僕が思うに、男性のヘテロセクシャリティのもっとも負の側面を表しているものだ。もし、もっとたくさんの男性がホモセクシャルだったとしたら、戦争は起こらないだ

ろう。なぜなら、ホモセクシャルの男性は、他の男性を決して殺そうとはしないから。女性は、他の女性を殺すために戦争に行ったりしない。戦争や軍隊や核兵器といったものは、本質的にヘテロセクシャルな男の趣味みたいなものなんだよ」

（2013年2月26日『ROOKIE』）

戦争といった人間同士の「奪い合い」を引き起こす問題は、すべて男の「ヘテロセクシャリズム」の弊害がベースとなっているとして、「女性」を支持している。これはみんなホモセクシャルになれだとか、女になれという推奨ではなく、権力やエゴで何かをねじ伏せる、支配するという男性的構造の社会への批判であり、ひいては他者への愛や思いやりの推奨だ。そんなモリッシーの嫌う「男性性」を考えるのに関連して、ネットで紹介されていたAV監督の二村ヒトシ氏の発言が面白かった。ある対談で、巷でこだわられている「男らしさ」と「女らしさ」という概念への違和感を語っていた。

「『男らしさ』の本質は『自分のやりたいことで他人を喜ばせる。見返りを求めないで自分の力を他人のために使う』こと。つまり『他者に優しい』ことです。それって『女らしさ』と同じですよね。同じ優しさが、男性性のエネルギーを使うと『男らしい』と言われ、女性性のエネルギーを使うと『女らしい』と言われる。『男らしさ』と『女らしさ』は根っこは同

じものなんです」（２０１７年2月18日「For M～消えたオトコ社会 生きづらい世界で俺たちは」）

本当の「男らしさ」と対立するのは、他人のためではなく、「他人から愛されたい」というエゴイスティックな動機で「男であらねば」「女であらねば」と努力してしまうことだ。

男性ならば、出世にこだわって昇進したり、セックスをした数を誇って男同士で自慢したりするのは、「男性的」ではあるけれど、「男らしく」はない。モリッシーが言う「戦争や軍隊や核兵器といったものは、本質的にヘテロセクシャルな男の趣味みたいなもの」という発言に通じる。「男性性」の誇示は、自分のためというエゴイスティックな動機づけでしかないのだ。そんな、見栄と力のマウンティングである「男であらねば競争」にがんじがらめにされた男たちのレースが、世界の問題を引き起こしているのではないかとモリッシーは考えている。

それでも根強い「男性性」の呪縛から、どうしたら男は逃げられるのか。モリッシーは自伝で明かしたジェイクとの「2年間の関係」で「私の人生ではじめて、永遠の『僕』は、『僕たち』になった。ついに、私は誰かとうまくやることができたのだ」という。そんなジェイクとの関係で知り得たことを、こう言っている。

「男っぽさとは、多数の徹底的なガイドラインによって定められている。山ほどたくさんの、

すべきではない、してはいけない、というダメ出しによって定義されている。そして男同士の友情はよそよそしいルールのごたごたによって身動きがとれなくなる。男同士が仲良くすれば、世界は救われる」

（『Autobiography』）

モリッシーは、男性同士が真に親密になり仲良くすることではじめて、互いの「男であらねば競争」から抜け出せて、自由になれると考えている。それは単なる「同性愛」とか「男好き」という目的からではなく、「男性性」のしがらみや固定観念を捨て、ひとりの人間として自由に生きることを大テーマにおいているモリッシーならではの視点である。

そんなモリッシーに大きな影響を与えているのは、フェミニストの作家たちだ。１９８３年の『ＮＭＥ』にて、モリー・ハスケルやスーザン・ブラウンミラーの著書を「自分に影響を与えた本10冊」の１冊として紹介した。彼は、「フェミニズム」というのは社会的な救済であり、理想的な状態だと言っている。この社会は、気絶し、へつらい、結婚しか望んでいない、そういう女性だけを好む社会であり、強い女性を忌み嫌っており、「この問題は歌作りになくてはならない要素」と語っている。

「強い女性」を忌み嫌う社会。ここで言われる「強い女性」とは、ひとつの象徴ではないか。それは、女性だけに限ったことではないからだ。子ども、生徒、従業員、マイノリティー、貧困者。「お前、弱いはずだろ」と世間的に見なされているものが、強くなることを許されない社会。そんな弱者が、「男性性」のしがらんだ社会において、強い側にいる者から「搾取」、「暴力」、「レイプ」、「パワハラ」を受ける「獲物」とされることが、モリッシーは許せないのだ。

「獲物」であることの自覚

モリッシー自身も学校時代に教師から、弱い立場の者として性的なハラスメントを受けている。世界は、学校でさえ安全ではない。「獲物」として標的にされ、性的搾取される、そういう暴力の場は至るところにあることをモリッシーは思い知った。そんなモリッシーが、ハリウッドでの「セクハラ騒動」で騒がれているプロデューサーのハーヴェイ・ワインスタイン、俳優のケヴィン・スペイシー「擁護派」だと叩かれた。2017年11月20日、『Low In High School』発売直後、ドイツのニュース週刊誌『Der Spiegel』の行ったインタビューの抜粋が翻訳され、ネットで配信された。彼は、見出しのセンセーショナリズムに煽られた世界中の人々に叩かれまくった。SNSではファンでさえも怒り狂い、「もうモリッシーのファンはやめる」、「見切りをつける」と言っていた。

元記事を読んでみたが、モリッシーは、「ハーヴェイ・ワインスタインに枕営業をしてうまいことといっていたなら、被害者は騒ぎ立てないのではないか」ということ、つまり「(被害者側にも)期待もあったのではないか」ということ、また14歳男子がケヴィン・スペイシーの部屋にひとりで行くと状況というのは、親はどうしていたのかと、両被害者とも「何が起こり得るか十分わかっていたのではないか」ということを言っている。「じゃあ、被害者が悪いと言うのか!」、「被害者の立場に立たないのか!」と叩かれまくられるのも無理はない発言だと思う。後から「発言がメディアによってねじまげられた!」といくらモリッシーが反撃しようと「あーあ、オヤジやっちまったな」というのが正直な感想だ。

しかしこの発言のポイントは、モリッシーは決して加害者擁護などしていない、ということだ。レイプも暴力も強制的なセックスも嫌いとした上で、支配者や権力者という「男性性」の塊モンスターは、この世の中に存在する。だから、誰もが「獲物」になり得ることを自覚しろ、自衛しろ、と警鐘を鳴らしているのだ。彼が言わんとしているのは「この世界はそういう世界である」ということだ。

『Low In High School』のなかの曲「Who Will Protect Us From The Police?」にはこんな歌詞がある。2004年に「The World Is Full Of Crashing Bores」、2006年に「Ganglord」という歌をリリースして以来、彼の歌のテーマにおいて、警察も「奪う側」である。モリッシー自身、2017年7月にイタリア、ローマの路上で、警察官から「ハラスメント」に遭った。何も法に反することをしていないのに目の前で銃を取り出され、大声で怒鳴られるというハプニングに遭遇した。この歌は、その経験に基づいて書かれたものだろう。

「教えて、パパ／誰が僕らを警察から守ってくれるの？／神様だよ、ぼうや」

そしてこんな風に終わる。

「ねえパパ、ごめんね／パパの言うこと信じられないや／だからどうしたらいい？」

――「Who Will Protect Us From The Police?」

もはや、誰も自分を守ってなどくれない。かつてモリッシーが「Ganglord」の歌詞で加護をお願いしたギャングの親分さんにも、神様にも、もう頼れない。この、「強いつもり」の者たちが支配する残酷な世界では、いつでも「獲物」にされる可能性がある。もう、自分で自分を守るしかないのだ。

弱者は弱者だからといって弱い必要はない、強くあれ、まっすぐ自分の力で立って何が起きるか見極めろ、人間の尊厳は自分で守るべきだ、と言い続けているだけで、誰の擁護もしていない。

2017年4月に発売された『いまモリッシーを聴くということ』という本の刊行記念イベントの対談で、著者のブレイディみかこ氏は、弱者の味方であるモリッシーのことを、

「モリッシーは、スキンヘッドのマッチョ、フェミニスト、ゲイ、非モテ、プロ独身者……あらゆる立場の人が聴いてつながれる。皆がクールになろうとしているこの時代に、強者より弱者に寄り添う。だから皆それぞれが、『俺たちのモリッシー』ではなく『俺／私のモリッシー』と言う」

(2017年5月17日 トークイベント「ブレイディみかこ×野田努 UKは壊れたようで壊れていない——愛と幻想の雑談」)

と語っていた。モリッシーは、世間的なカテゴリーは関係なく自由な立場で、強者より弱者に視線を注いでいる。ひとりひとりにとって「俺／私の」モリッシーになり得る。どのような性、性志向者にも受け容れられる。それこそが性差のしがらみを超えて人間を愛する「ヒューマセクシャル」なモリッシーの強みであろう。またそれを、戦略ではなく自らが行き着いた価値観の表れとして実行しているから強い。

与える愛

そんなモリッシーの「人間愛」とは、彼の歌手活動においてどのように表されているだろうか。モリッシーはよくステージでファンに向かって「愛してる」という。他のアーティストやアイドルもライブで「みんな大好き！　愛してる！」と言うし珍しいことではないが、彼からは、ライブのノリや感極まってというわけではない、「言わずにはいられない」という切迫感を受ける。時に涙まじりに「たとえ私がどこに行ってしまったとしてもこのことは忘れないでいてほしい。私は、君を愛しているってことを」と語りかけてくる。そうして穏やかな顔で歌う。モリッシーにとってファンを「愛する」という行為こそが、自分自身の救済となっているのかもしれない。『Low In High School』のドラマティックな幕開けを飾る1曲目「My Love, I'd Do Anything For You」でも、

「僕のことはよくわかってるよね／愛する君のためならなんでもする／社会は地獄／僕が君を必要としてるのと同じくらい／君は僕が必要なんだ」——「My Love, I'd Do Anything For You」

と、愛する君のために「なんでもするよ」と力強く歌っている。2018年2月20日のアイルランド・ダブリン公演の映像を見たが、〝You need me just like I need you〟という歌詞のところで「わかってるよね」というように人差し指を立てて左右に振った。ああ、わかっている。私たちはモリッシーが必要だ、モリッシーが私たちを必要なのと同じくらいに。地獄のようなこの世の中において、そんな必要とし合う関係がどんなにか支えになることか。

2017年のインタビューでは、ファンとの間にどんな結びつきを感じるかと聞かれ、

「我々は血を分けあったつながりを持つかのような恋人同士だ。自分の人生の残りを、恋人であるファンを愛するという、強い欲望に捧げることに決めた」

（2017年12月8日『Rolling Stone』）

と答えていた。モリッシーのファンに対する気持は実にエモい。「ヒューマセクシャル」は突き詰められ、「ファンセクシャル」と言ってもいいかもしれない。ファンが愛しくて愛しくてたまらないのだ。モリッシーのファンは「信者」だとよく言われるが、私は時に逆に思う。モリッシーのファンへの愛の量こそハンパない。モリッシーにとって「歌手=生きること」であるから、歌手として自分を生かし続けてくれるのはファンに他ならないからだ。だから必要なのだ。

彼は2012年4月21日の日本公演、クラブチッタ川崎において、はじめて元フォー・シーズンズのフランキー・ヴァリの「To Give」をカバーして歌った。かつて「Still Ill」で、「人生なんて奪うだけだ／何も与えたくない」と歌っていたのに、あえてこの曲をカバーし、「与えるために生きている」と歌っている。聖書の言葉にもあるが、この世界には「与える者と奪う者」が存在する。モリッシーはいつの間にか「与える者」に変化していた。自分の欠乏を嘆き、人生における渇望を歌う「スミスのモリッシー」から、愛する側になった。

「与えることが、私の生きている理由／与えられるものすべてを、与えるために」

——「To Give」

愛というものは、時に奪い合いになる。それは誰もが「愛されよう」ともがくからだ。モリッシーだってスミス時代はかなりもがいていた。「なんで愛されないんだ!!」という憤懣こそ、歌作りのエネルギーになっていたのではなかっただろうか。彼はソロになってからのライブでもスミス時代の「How Soon Is Now?」を頻繁に演奏する。よりヘヴィーで地の底から鳴り響くサウンドに合わせ、

「僕だって人間だから、愛されたい／他のみんなみたいに」――「How Soon Is Now ?」

と歌う時、スミス時代とはまるで違う表情をしている。もう苦悶に満ちた顔をしていない。堂々としながら朗々と歌い上げ、時には手を伸ばすオーディエンスと握手を交わす。人間だから愛されたいという段階を超越し、人間を愛するという側にまわった自信が感じられる。

モリッシーのオフィシャル・ツイッターが、2018年2月24日のイギリス・リーズ公演の写真をアップしているのを見た。ファンたちが一心にステージの上のモリッシーに手を伸ばしている。ステージは高く、決して届かないほどのギャップがある。お互い決して届かないのに、モリッシーは、観客に少しでも近づこうとするかのようにひざまずいている。それはまるで、目に見えない愛のつながりが可視化されている……ように見えた。物理的には届かないのに、届き合っていた。人は、「愛されたい」と言っている限りはその苦悶からは抜けられない。自分から能動的にただ「愛する」側になった時はじめて、孤独の先にあるものが見えてくるのではないだろうか。

5時間目

「居場所」

自分の居場所は自分で作る

モリッシーの「居場所」ソング3選

♫ Barbarism Begins At Home（『Meat Is Murder』The Smiths）

♫ Late Night, Maudlin Street（『Viva Hate』）

♫ Home Is A Question Mark（『Low In High School』）

「居場所」はどこにもない

「Ｈｏｍｅ（ホーム）」。日本語に訳すると、生活空間としての家、自宅、家庭、家庭生活、生まれ故郷、本国……。「ルーツ」、「帰る場所」、「郷愁」など世間的にはどちらかと言えば素敵なもの、良いイメージを持つ言葉だ。

実はモリッシーの歌にはザ・スミス時代から、この「ホーム」という言葉が目立つ。またいわゆるホーム的なもの――家、家庭、家族、親子関係、家庭環境、家系、血筋、故郷、地元、離郷、家出、里帰りを題材とした歌も多い。

彼が「家庭的」な歌手でも「地元密着型」の歌手でもないのに、「ホーム」にこだわり、歌う意味はなんだろうか？　歌詞を見ると、モリッシーの文脈では「ホーム」は、必ずしも良い意味で使われていないことがうかがえる。シニカルで、達観した視点から歌っている。

アルバム『Low In High School』にはそのものずばり、「Home Is A Question Mark」というタイトルの歌がある。実は、まったく異なる歌ではあるものの、同タイトルの曲は２００４年に出たアルバム『You Are The Quarry』のアウトテイクとして存在している。それ以前、２００２年のＢＢＣラジオ出演時（10月3日 BBC Radio2）には、ロスから「故郷」＝イギリスに「お帰り」

ザ・スミス／モリッシーの「Home」に関する歌

	ザ・スミス	モリッシー
家庭環境 親子関係	「Jeane」 「Barbarism Begins At Home」 「There Is A Light That Never Goes Out」 「London」	「Have-A-Go Merchant」 「Used To Be A Sweet Boy」 「Home Is A Question Mark」 「Teenage Dad On His Estate」 「The Youngest Was Most Loved」 「Slum Mums」 「The Father Who Must Be Killed」 「Mama Lay Softly On The Riverbed」 「Istanbul」
家系 血筋	「How Soon Is Now?」	「The End Of The Family Line」 「Irish Blood, English Heart」
地元 故郷 祖国	「William, It Was Really Nothing」 「Still Ill」 「Never Had No One Ever」 「Back To The Old House」 「Suffer Little Children」	「This Is Not Your Country」 「Home Is A Question Mark」 「Late Night, Maudlin Street」 「Sunny」 「Come Back To Camden」 「Heir Apparent」 「Boxers」

と言った司会のジャニス・ロングに対して、即座に〝Home is a question mark〟と、このタイトルのままの言葉を返答している。すなわち彼の頭の中にはこの時すでにこのフレーズが存在していた。故郷だからといってそこが自分の居場所であるとは限らないし、心休まるわけでもないということだ。

そう、この歌の中の〝home〟は、「拠り所」、「自分の心の居場所」、そんな場所のことではないだろうか。普通なら、素敵なもの、求められるべきものとして歌われるものだ。そんなもののことをモリッシーは、

「自分の居場所なんてわからない」
「自分の居場所なんてどこか知らない場所」

と、突き放して歌い、

「居場所、それって単なる言葉?／それとも君と一緒にあるもの?」

——「Home Is A Question Mark」

と、反語的な問題提起をしている。そして〝If I ever find home〟〝If I ever get there〟と、〝If I ever〟を重ね、自分の居場所を見つけることに懐疑的だ。

この曲の歌詞には（いかにもモリッシーの好きそうなルックスの）ギョーム・カネというフランス俳優の名前と、彼が出演した映画『美しき運命の傷痕』（2005年　原題：『L'Enfer』＝『地獄』）が出てくる。この映画は、ある秘密とトラウマを抱え、人生に支障をきたしている三姉妹の物語。冒頭には、孵化し、巣から落ちたカッコウの雛の映像がある。その雛は主人公たちの父親に巣に戻されるのだが、他の卵を割りはじめる。そのような不穏な隠喩に富んだオープニング映像に続き描かれるのは、家族が崩壊して三姉妹それぞれ居場所を失い、また再び失いつつある現在。そこに父親の死に関係し、同じく孤独を抱えてきたであろうギョーム・カネがからんでくる。三姉妹それぞれが、「根なし草」のような朦朧とした顔で、街を徘徊するその有り様や経緯は、まさに生き地獄の責苦のようだ。登場人物それぞれの痛々しさが、このモリッシーの問題提起にリンクするように感じられる（この映画は、姉妹が集まり、言葉を失くした母親の書いたたった一文を目にした時、一筋の希望の光が見えて終わる）。

そんな結構前の映画まで引っ張り出してくる、モリッシーの「ホーム」への怨念、懐疑的な姿勢はどこから来たのか。それは、彼が生まれ育ったマンチェスターという絶望的な故郷からの影響が大きいようだ。

おおマンチェスターよ、償うことが多すぎる

『The Queen Is Dead』収録の、「Never Had No One Ever」という曲にはこんな歌詞がある。

「まさにここ、自分が育った町の通りを／くつろいだ気持ちになれないまま歩く／それは、20年と7か月と27日も続いた／そんな悪い夢を見ていた奴なんて／今まで誰ひとり、いやしない」

——「Never Had No One Ever」

1986年9月の『Melody Maker』のインタビューによると、モリッシーが20歳の時に味わった苛立ちを表した歌だそうだ。ちょうど長続きしない仕事を転々としていた頃だ。そしていまだに、自分が生まれ育ったマンチェスターの通りを歩くことはほっとできないことだと語っていた。そこは1950年代以来、アイルランド移民の自分の家族、親戚が住んでいたところなのに、なぜ「ここは自分の縄張り。自分の地元。住んでる人はみんな知っている。なんでも好きなことができる、だって自分の街だから」と感じられないのか、よく混乱したそうだ。

「自分の街と感じられなかった」とはすなわち、「自分の街とは思いたくなかった」ということ

だろう。自伝ではマンチェスターのことを、「ヴィクトリア時代のナイフがぶっささったままみたいな、100年以上も前にほったらかしにされたものだらけの街」と表現している。自分の家の周辺にあるのは、荒廃した空き家、水びだしの路地、腐った動物の死骸の臭いのする裏道、かつて坑道だった今や役目を終えた通路……。「これらの通りはまるで私たちのようだった。絶対にあらがうことのできない運命を負わされて、放っておかれていた」と、初っぱなから長ったらしく、絶望の街マンチェスターへの呪詛を述べている。生まれる前から街を出るまで、すべての不幸はマンチェスターがもたらしたと言わんばかりだ。

そして周辺の貧困家庭の子どもたちの現実も薪にして、自分の哀しみの炎にくべて燃え上がらせている。1960年代のマンチェスターのスラム街の子どもたちが、どん底の世界に生まれてきたのは彼らのせいではない。それなのに彼らの問題行動ばかりが咎められて、根本的な解決は何ら施されることがなかった。マンチェスターでは当たり前のように、子どもたちだけが不幸のしわ寄せを食らっていたことに、ほとばしるような怒りを注いでいる。

彼の「マンチェスターへの呪詛」の土台を作ったのが1963年から1965年にかけて地元で起きた「ムーア殺人事件」だ。当時モリッシーは小学校に入学するかしないかの頃、罪のない10歳から17歳の少年少女5人が、拷問を受けて殺害された。犯人はイアン・ブレイディとマイラ・ヒンドリー、被害者の遺体をサドルワース・ムーアと呼ばれる荒野に埋めていた。全英を震撼させたこの連続殺人事件をモリッシーは、「マンチェスターのイメージを、永遠に歪めた」と、認定している。当時、「子どもに聞かせる話」ではないという判断からか、モリッシーの祖母はこの事件の話を封印したため、子どもたちはあえてこの話題に触れずに、憑りつかれたようにサッカーの話をしていたという。しかし6歳のモリッシーは、サッカーの話などではごまかされず、この事件に計り知れない影響を受けたと振り返っている。「犠牲者になるかも、という被害妄想が、自分をムーア殺人事件に執着させた」と語っていたが、その被害妄想は17年後にひとつの形になる。1982年のスミス結成前、マーがはじめて曲をつけたモリッシーの歌詞の題名は「Suffer Little Children」。この歌はムーア殺人事件で殺され、荒野に埋められた子どもたちの死を悼むものだった。

「レズリー・アン、きれいな白いビーズを持ってるね／ああ、ジョン。君は大人になれないよ／そして二度とおうちに帰れない／おおマンチェスターよ、償うことが多すぎる」

――「Suffer Little Children」

この歌はスミスのファースト・アルバム『The Smiths』に収録された。マーは最初この歌詞を読んで、あまりのヘヴィーな内容と胸を刺す辛辣さに打たれという。そんな歌詞にあまりに美しくまばゆい、現世と涅槃の境目で鳴り響くかのような曲をつけた。モリッシーは、まるで涅槃から囁く、荒野で成仏しきれない子どもたちの魂を代弁する口寄せのように「見つけてよ！　見つけてよ！」と不気味に歌っている。

実はその後1989年、モリッシーは友だちとのドライブ中にサドルワース・ムーアで幽霊を見ている。人間がいるはずのない真夜中の荒野で両手を振る裸の少年の姿を見た。それが「ムーアの殺人」の被害者の霊だとは言っていないが、モリッシーは「幽霊」だと確信している。そして荒野で人知れず眠る、マンチェスターで起きた暗い犯罪のせいで消されたかもしれない、弱い者たちに思いを馳せている。小作人の少年、家出人、やっかい者のティーンエイジャー、鍵っ子、母親のない麻薬中毒者、望まない妊娠をした少女。

「今や完全に沈黙させられ、家から遠く離れたところに捨てられた。あまりに家から遠い所で、どんなに帰ろうと覚悟した亡霊たちでも、帰り道を探せないのだ」

（『Autobiography』）

「帰り道を探せない」。これは、サドルワース・ムーアの亡霊だけでなく、生きているモリッシーが自分にも言っている言葉のように聞こえる。あまりの絶望感で、心が迷子になっている。どんなに帰ろうと覚悟しても、帰り道を探せない。本当はどこかに帰りたいのに、帰りたいと思う

自分の居場所がどこにも、見つからない。「Home Is A Question Mark」の、

「もしそこにたどり着くことがあるなら／本当にたどり着くと思う？」

――「Home Is A Question Mark」

という、決して叶わぬ祈りのようなリフレインも聞こえてくる。

スミスのデビュー・アルバム『The Smiths』収録の「Back To The Old House」では、

「帰りたくないんだ／昔の家には／嫌な思い出が多すぎて」

と歌っているが、最後には、

「ぜひ帰りたいな／昔の家には／でも絶対帰らない／絶対に帰らない」

――「Back To The Old House」

と、本音を歌っている。最後の〝I never will〟というしつこいまでのリフレインに、後ろ髪引

かれる思いが透けている。故郷すら、自分の居場所として、心の安住の地として恃めない、そんな孤独感が響いてくる。体は帰れても、心が帰れないのだ。

イギリスは死んだ

モリッシーはザ・スミス結成後、25歳になる1984年に、ようやく望み通りにマンチェスターを離れ、ロンドンに移り住んだ。そしてスミス解散後の1988年にアメリカに渡りロス・アンジェルスに住み、2005年にはイタリア、ローマに引っ越して1年住んだ。2007年からは、自称「ホームレス」。2009年2月の日本のタワー・レコードの音楽情報誌『bounce』のインタビューでは、イギリスを離れたことで音楽性が変わり、特定の場所に捕らわれないようになり、視野に広がりが出たと語っていた。たしかに彼の描く世界は、スミス時代からソロ初期によくあったようなイギリスの労働者階級の心理・生活状況描写から、もっと広い世界に対する問題提起へと変わった。歌詞で描かれるものはより普遍的になった。同じインタビューで「住所不定なんだ。どこにも住んでいない。旅し続けているんだ。家といえるところはないし、欲しくない。移動し続けたい」と答えていた彼は、今もロス・アンジェルスをはじめ、世界の数か所に住まいを持っているようだ。

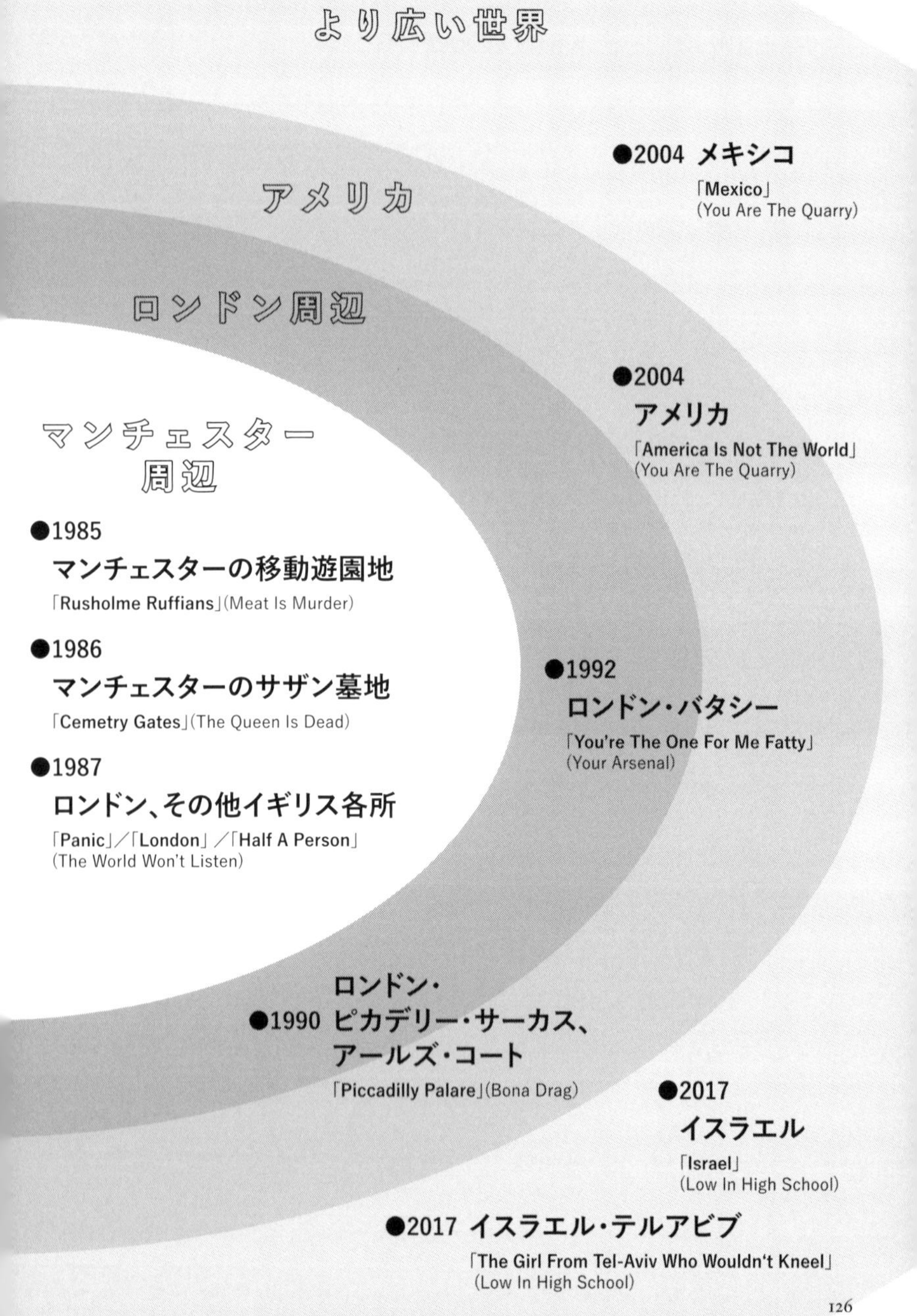
より広い世界
●2004 メキシコ
「Mexico」
(You Are The Quarry)
アメリカ
ロンドン周辺
●2004
アメリカ
「America Is Not The World」
(You Are The Quarry)
マンチェスター周辺
●1985
マンチェスターの移動遊園地
「Rusholme Ruffians」(Meat Is Murder)
●1986
マンチェスターのサザン墓地
「Cemetry Gates」(The Queen Is Dead)
●1987
ロンドン、その他イギリス各所
「Panic」/「London」/「Half A Person」
(The World Won't Listen)
●1992
ロンドン・バタシー
「You're The One For Me Fatty」
(Your Arsenal)
●1990 ロンドン・ピカデリー・サーカス、アールズ・コート
「Piccadilly Palare」(Bona Drag)
●2017
イスラエル
「Israel」
(Low In High School)
●2017 イスラエル・テルアビブ
「The Girl From Tel-Aviv Who Wouldn't Kneel」
(Low In High School)

ザ・スミス／モリッシーの主題となる地名の変化

ソロ期

●2009
フランス・パリ
「I'm Throwing My Arms Around Paris」
(Years Of Refusal)

●1997 **ロンドン・フルハム・ロード**
「Maladjusted」(Maladjusted)

●1992
アメリカ・ロス・アンジェルス
「Glamorous Glue」
(Your Arsenal)

ザ・スミス期

●1984
マンチェスターのサドルワース・ムーア
「Suffer Little Children」
(The Smiths)

●2004
アメリカ・ロス・アンジェルス
「First Of The Gang To Die」
(You Are The Quarry)

●1984
マンチェスターのワーリー・レンジ
「Miserable Lie」
(The Smiths)

●1988
ブライトン
「Everyday Is Like Sunday」
(Viva Hate)

●2014
トルコ・イスタンブール
「Istanbul」
(World Peace Is None Of Your Business)

●2004 **ロンドン・カムデン**
「Come Back To Camden」
(You Are The Quarry)

●2014
スカンジナビア
「Scandinavia」
(World Peace Is None Of Your Business)

モリッシーと言えば生粋の「イギリス人」で、「マンチェスターの歌手」のイメージが強く、「右翼説」も疑われているほどだが、実はイギリス外に住んでいる期間のほうが長くなるのである。

1987年9月には『Melody Maker』に、祖国への「ベタぼれっぷり」を語り、イギリスを離れるなんてできないと語っていた。どこか他に住むことなんてできない、完全にイギリスが好きだと。しかし、その4年後の1991年、音楽誌『SPIN』に語った内容はまるで「元カレ批判」のように様変わりした。

「イギリスは言葉の本当の意味をもってしても、イギリスではない。国際化され、それは国中どこを見回しても金切り声をあげるかのようにはっきりしている。イギリス人は歴史感覚を主張できるほど強くないんだ。愛国心なんてもはや本当の意味を持たなくなった。そんなわけで、私はイギリスは死んだと思う」

（1991年4月『SPIN』）

と、語って、とうとうイギリスを殺してしまった。彼が愛着を持っていた、古き良き「ロマンティックな要素」は消え失せたのだろか。1992年に発表した「Glamorous Glue」の中でも、「かつては夢を見、誓いも立てた／もう夢見ることもない／僕らが何を言うかは／ロス・アンジェルスを当てにしてる／ロンドンは死んだ、ロンドンは死んだ」と、ロンドンの死を歌っている。1

990年代初頭と言えば、私がはじめてイギリスに行った頃だ。モリッシーは「国際化」と言うが、だいぶアメリカナイズされた日本から来た私からすると、建物や設備は不便で前時代的、慣習やコミュニケーションも少し閉鎖的で、どこが「国際化」されていたのだろうと思うが、彼の知っているイギリスはもはや彼の好きなイギリスではなくなってしまったのだろう。

2017年3月、アメリカ、ヒューストンの、アートや音楽記事を中心としたフリーペーパー『Free Press Houston』のインタビューで、アメリカに長い間住んでいて、時々イギリスを恋しくなるかと聞かれ、「ロンドンにいても、いつもホームシックでイギリスが恋しくなる。あまりにもロンドンは変わってしまって、私がかつて住んでいた街とはもはや似ても似つかない」と答えている。文明が均質化され、古き良きイギリスらしさ、ロンドンらしさが失われているのがイヤなのだろう。しかしロンドンに見切りをつけた結果、現代の「文明」の象徴でもあるようなアメリカ、しかもロス・アンジェルスに「恋をして」いるかのように歌い、その後拠点を置き続ける意味はなんなのだろう。自分の居場所となり得る何かを見出したのか。

「モリッシーの日」が生まれた11月

2012年10月の『GQ』のインタビューで彼はロス・アンジェルスで「自分を見つけた」と

語っている。寒い土地生まれの彼にとって、ロス・アンジェルスは明るく気候がいいという良さもあるだろうが、現在の地元での人気や、彼の音楽を支えるコミュニティーや支持層の厚みが、「自分のいる意味」を見出すのに大きく関係しているのではないだろうか。

2017年11月、ロス・アンジェルス市のエリック・ガルセッティ市長は、11月10日にモリッシーがハリウッド・ボウルでライブを行うのに合わせてその日を「モリッシーの日」と公式に制定した。市長は声明で、

「ロス・アンジェルスは個性、思いやり、創造性を取り入れているが、モリッシーはこれらの価値をあらゆる年代のロスっ子の心を動かすように表現している」

と、述べた。そして「モリッシーの日」は、「目立ってしまう性分ゆえ、生きづらさを感じやすいあらゆる世代の人々の心を自分の音楽で励まし、魅了してきたアーティストをお祝いする」としている。

あらゆる権威や陳腐な名声に懐疑的で、2007年にアメリカで「ロックの殿堂入り」を果たすのではないかと噂された際にもそれを拒みセレモニーには出席しないと明言していたモリッシーだったが、今回の名誉、ロス・アンジェルスに自分の真価を認められたことはとても嬉しかっ

たようだ。セレモニーには、地元のセレクトショップ、ロン・ハーマンの「ニコちゃんバッジ」を胸につけて登場。バッジと同じように終始ニコニコし、嬉しすぎて言葉も出ないと素直に喜びを示した。甥のサム・エスティ・レイナーが撮影した動画では、「モリッシーの日」制定登録証の額を頭の上に掲げてピョンピョン跳ねて、「わーいわーい！」というようにふざける、かつて見たこともない、目を疑うようなご機嫌っぷりまでうかがえた。

モリッシーは定住の地を持たず、ツアーやレコーディングでいろいろな土地に行き、いろいろな土地の力や因果に思いを馳せ、歌を作る。しかしロスにはじめて来てから約30年、今や確固とした「地盤」をここに築いたことは間違いない。

その地盤確立に大きく貢献したのが、ロス・アンジェルス在住のヒスパニック系（中南米系）モリッシーファンたちではないだろうか。カリフォルニア州の財務省によると、同州の人口に占めるヒスパニックの比率は今や白人と同程度。現在のアメリカのモリッシーのファンの多くはメキシコ人をはじめとするヒスパニック系だ。このヒスパニック系からの人気は90年代後半、モリッシーがロスに移住した頃から高まってきた。このファンたちは、ロス・アンジェルスのことを「モズ・アンジェルス」と呼ぶ。もはやロスは、「モリッシーの聖地」なのだ。マンチェスターにも「スミス名所ツアー」があるが、ロスでもファンが「モズ・アンジェルス・ツアー」という、モリッシー縁の場所巡りを企画している。数々の「モリッシー・コンベンション」や「モリッシー・オケ」（モリッシーカラオケナイト）も開かれ、「Sweet And Tender Hooligans」と「The Handsome Devils」などの、ラティーノ・メンバーを有するトリビュート・バンドも存在している。

モリッシーもこのラテン系ファンたちへの愛を露わにしている。「メキシコ人になりたい」、「ラテン系のファンは感情に満ちている」と歓迎し、2004年発表のシングル曲「First Of The Gang To Die」のB面には「Mexico」という歌を収録した。ロス移住後すぐに彼を温かく受け容れてくれるラテン系ファンに寄り添い、「金持ちの白人なら大丈夫」な世界を皮肉っている。2013年3月、ロスのハリウッド高校で行われたライブで、モリッシーが舞台に登場した第一声は、「ビバ！　メキシコ！」であった。

メキシコ人ファンが「モリッシーの日」に寄せて書いた記事によると、ライブで彼と一緒に大声で歌うのは、家族や友だちと、メキシコの伝統音楽マリアッチやランチャーを歌うのと通ずるのだそうだ。モリッシーの歌は、祖国の歌手ビセンテ・フェルナンデスの作品と同じように、喪失、痛み、愛情と絶望の苦悩と不快感を表しており、一般的に明るいとされるメキシコ人移民の、アメリカで暮らす不平等感や怒り、祖国を離れて余儀なくされた二重のアイデンティティーといった辛い感情の「はけ口」であると語っていた。多くの記事や映画でも言及されてきたが、モリッシーのルーツがイギリスに住むアイルランド系移民労働者階級出身であるため、その生い立ちとアメリカに住むヒスパニック系移民労働者階級の「生きづらさ」に通ずるものがあり、彼らからの共感を得ているのである。

故郷を離れ、世界のどこにも居場所がないと自覚して孤独を見つめ、それでも愛を歌い続けるモリッシーは、ロス市長が語った通り、「生きづらさを感じているあらゆる世代の人々の心を自分の音楽で励まし、魅了してきたアーティスト」として、今やファンたちの「居場所」となっているのである。

２０１４年、トルコ人のモリッシーファンのジャーナリストZülal Kalkandelen氏のインタビューでモリッシーは、「人の役に立ち、自分たちの感情が他の人とも自然に共有し合えると確信できるのならば、皆それほど孤独感にさいなまれないのではないか」と語っている。そしてこう言う、

「本当の居場所というものは君の身体の中にあるんだ——君の家でも、アパートでもなくて」
（２０１４年11月28日『VEGAN LOGIC』）

故郷を離れ、「Home Is A Question Mark」と歌うモリッシーだが、実はきちんと見つけている。自分の居場所は自分の中にある。自分が誰かに必要とされ、痛みや愛を分かち合えれば、その気持ちこそが自分の拠り所になる、そう感じているのではないか。最近よく、「家に居場所がない」、

「子どもと会話がない」、「親も死んでふるさとがない」という中高年男女の嘆きを聞く。人間のそんな孤独を踏まえ、人々が求め続ける自分の居場所は、自分の気持ち次第で自分の中に作れると感じているからこそ、

「居場所、それって単なる言葉?/それとも君と一緒にあるもの?」

——「Home Is A Question Mark」

と、我々に問うている。自分の居場所が「?」のままではなく、「!」=〝Home is an exclamation mark〟となるような、孤独から解放される心の気づきを与えるべく、今も歌い続けている。

モリッシーのツアー楽屋必須アイテム
（2016年のモリッシー・ツアー「Technical Rider」より）

- やかん
- トースター
- 皿２枚
- マグカップ１個
- グラス１個
- ナイフ、フォーク、スプーン、ティースプーン（メタル製。プラスティック不可）
- ナプキン
- ミネラル・ウォーター（フィジー・ウォーター）８本
- ライスミルク／オーツミルク
- ベジタリアン・チーズ（ケリーゴールド）
- バター（ケリーゴールド）
- オーガニック・バニラ／ストロベリー・ヨーグルト
- ホワイトとブラウン（全粒粉と小麦粉のもの）のトースト用パン１斤
- ビスケット（マクビティのリッチ・ティーか類似のプレーン・ビスケット）
- オレンジ・マーマレード
- フルーツ盛合わせ（バナナ、リンゴ、オレンジ、ナシ）
- カシュー・ナッツ／ピーナッツ（塩味袋入り）
- セイロン・ティーのティーバッグ
- ブラウン・シュガー
- 素敵な花２束（バラ不可）を素敵な花瓶入りで
- バニラの香りのキャンドル２本

モリッシーの好きな食べ物

（過去のインタビューや『モリッシー＆マー 茨の同盟』より）

- パン
- パスタ
- じゃがいも
- ブロッコリー
- アスパラガス
- スプラウト
- ベイクド・ビーンズ
- ナッツ、カシューナッツ
- コーンフレーク、ココア味のシリアル、ケロッグのスペシャルK
- チーズ・サンドウィッチ（バター付き）
- ヴィーガン用チーズ
- スマーティー（チョコ）
- カップケーキ
- ヴィーガン用ミルク（豆乳、ナッツミルク、ライスミルク、ヘンプミルクなど）
- ルコゼード（イギリスのスポーツドリンク）
- 赤ワイン

6時間目

「ファッション」

自分のスタイルを持つ

モリッシーの「ファッション」ソング3選

♫ **This Charming Man**（『Hatful Of Hollow』The Smiths）

♫ **Unloveable**（『The World Won't Listen』The Smiths）

♫ **Christian Dior**（『Swords』）

コミュニケーションとしての服

毎年12月に男性ファッション誌『GQ』で発表されるベスト・ドレッサーとワースト・ドレッサーのランキング（２０１８年1月号）の第5位に、モリッシーがランクインした。ベスト・ドレッサーではなく、「ワースト」の5位に入ったのだ。イギリスのボーイズグループ、ワン・ダイレクションのメンバーであるハリー・スタイルズがベスト・ドレッサー第1位なのに対し、ワースト・ドレッサーには年収23億円と言われる覆面ヘッドギアＤＪマシュメロ、年収14億円のゲーム実況ユーチューバー、ピューディー・パイなど、「時の人」の名前が連なっている。ワーストとは言え、メディアへの露出機会の多さや話題性の証しにも見える。

ここ30年以上モリッシーのファッション・ウォッチをしている私だが、毎回毎回「ツッコミどころ」が多すぎて目が離せない。「ワースト」入りにふさわしい「おいおい！」というようなかっこうもする。２０１３年12月、第20回ノーベル平和賞コンサート出演時は、「その着方で本当にいいの!?」と思うほど太い、まるでヤンキーの「ドカン」のようなおズボンを履いていた。その翌年くらいから「ワイドパンツ人気」が本格的に来だしたので、あれはオシャレ最先端……とも思えないくらい短足に見えて、はっきり言って似合わなかった。

昨今のモリッシーは、メディア出演やプロモーションビデオなどで、グッチのブレザーなど、インターネットを調べればすぐにヒットするようなハイブランドのコレクションを着用している。そこにロザリオや、独特のジャラジャラとしたネックレスをつけ、胸にはバッジやＰＥＴＡ（動物の倫理的扱いを求める人々の会）の動物愛護啓発ステッカーをペタペタ貼って、若い頃から一貫して好きなジーンズも合わせる。他にはないファッション・センスなので、彼に興味がない人の目も引くようだ。ハイブランドの服も、よくある熟年シンガーのようなかしこまった着こなしで終わらせないのが彼のスタイル。いわゆる「はずしテク」を使える人でもある。この「はずし」にこそ、「小金持ちセレブの高級品好き」で済まさない矜持を感じる。スタイリストやマネージャーが選んできた、「見てくれのいい高いもの」を着させられているわけではない。自分で自分のスタイルをプロデュースし、他の熟年シンガーやノスタルジックなスターではない、現役バリバリのリアルタイム・シンガー「モリッシー」として見せることに意識的なのだ。

ライブでは、自分の着ているシャツを脱いで観客に向かって投げることが慣例的に行われている。２０１2年4月、モリッシー来日仙台公演、「シャツ・トス・タイム」としておなじみの曲「Let Me Kiss You」の途中、モリッシーが赤いシャツを投げた。前列中央あたりで、良い大人たち10人くらいでひっぱり合いの大変な争奪戦となった。誰も一歩も譲らず、シャツはすごい力で引っ張られるものの、まったく裂けなかった。それもそのはず、そのシャツはイタリアの紳士服ブランド、アンジェロ・ガラッソのもの、頑丈で破けるはずもない。モリッシーは当時、このブランドの色とりどりのカラーシャツやフリルのシャツをよく着用していた。たまたまロンドンで見かけたことがあるが、高級住宅街ナイツブリッジの高級デパート、ハロッズのそばに店舗を構えているハイソなブランドである。調べたところ、無地のシャツでも7万円、少し凝ったデザインのものだと、10万円以上するのだ。

そんなライブ中の高級シャツ争奪戦は埒が明かず、皆で分けるため私が預かることになった。終演後、多くの人に囲まれながら、スタッフに借りたハサミを入れて赤いものを小間切れにしていくその様子は、まるで「マグロ解体ショー」そのもの。まわりを囲んだ良い大人たちが「袖ください！」「脇ください！」「襟ください！」と声をあげながら「切り身」を手にして喜んでいる光景は、築地市場の繁盛の様子を彷彿とさせた（2012年『ロッキン・オン』6月号のインタビューでこのことを教えてもらったモリッシーは「うーん、ちょっと怖いね（笑）」とコメントしていた）。その時は自分がハサミを入れているそのシャツが7万円もするとは知らなかったので、後から恐れ多いことをしたと思った。

すっかり「投げ服」に慣れてしまっていたが、ファン以外からは、「なんで服を投げるの？」と純粋に質問されたことがある。考えてみたら、なんでだろうか。一種のファンへの「感謝」であるようには感じる。ファンでいてくれること、ライブを観に来てくれることへの感謝として、

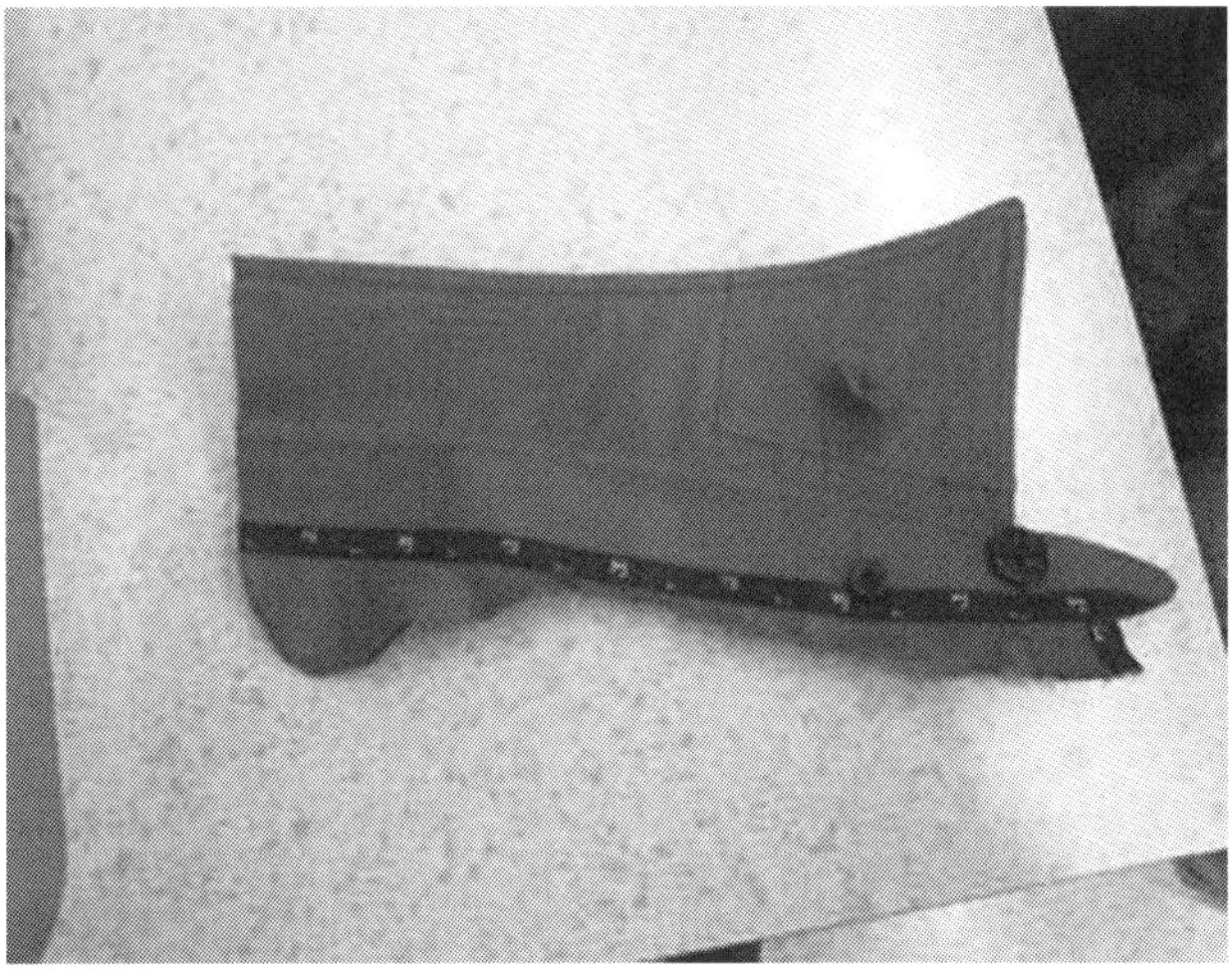

2012年4月19日、仙台公演でモリッシーが投げた赤シャツをファンで分け合い、もらった襟の切れ端。シャツからは、モリッシー愛用の香水、コム・デ・ギャルソンの「インセンス・アヴィニョン」の香りがした。（筆者撮影）

自分の生身をいちいち差し出せないので、代替品として服を投げて礼を尽くしているのかもしれない。ここでは、装うことより「脱ぎ」、「投げる」コミュニケーションの媒介物として服を使っている。

ファッションとの出会い

モリッシーのキャリアにおいて、彼の「ファッション」は独特の意味を持ち、注目を浴び続けてきた。モリッシー自身、こだわりはとても強いはずである。偶発的にも、戦略的にも、彼のファッションは音楽シーンに、ファンに、影響を与えてきた。

自身が最初にファッションを意識したのは、グラムロックに目覚めた13歳くらいではないだろうか。彼は1972年6月16日、13歳になったばかりではじめてTレックスのコンサートに行った。父の車を降りると、「紫のサテンのジャケットを着て、ヨチヨチ歩き」で会場のマンチェスターの「ベル・ビュー」までひとりで向かった。ヨチヨチ歩きとは、ヒールの高いブーツでも履いていたのだろうか。13歳で「紫のサテンのジャケット」を着てひとりでライブに行くとは、姉や年上のいとこたちに囲まれてませていたかもしれないとはいえ、かなり頑張っている。「グラム」っぽく見せようと必死だったに違いない。

Tレックスのライブから3か月後の1972年9月、モリッシーはボウイのライブも観ている。この日の午後、「入り待ち」をしていたのか、モリッシーは黒いメルセデスから出てきたボウイからサインをもらった。自伝ではその時の様子を「イギリスを新たに作り直すボウイ」と「青い制服に体を閉じ込められて苦しむみっともない私」の対比で語っている。モリッシーは学校から急いで駆け付けたために、制服だったのだろうか？　普通、そんなにまで憧れている人が目の前に現れたら、喜びで満たされるだろうし、スターと普通の少年である自分の「見かけ格差」なんてあるのが当然だと思うのではなかろうか。しかしモリッシーは煌びやかなボウイと、それに対峙する「青い制服」のみっともない自分を比べて暗くなっている。私は、この後モリッシーは急いで家に帰り、姉やいとこのアドバイスのもと「紫のサテンのジャケット」以上の派手派手キメキメファッションで夜のライブに出直したのではないかと、推測している。モリッシーの自意識は自分が「みっともない」ことを許さないのである。

その翌年には、ルー・リードのライブで会った、オシャレでちょっとワルなライブ友だちもできたようだが、彼らのようなとんがったかっこうはせず、自分自身のスタイルは「アンティーク・マーケットで買ったぶかぶかズボンに、ずっと前に死んだ男が着ていた古着のコールテンジャケット」だと語っている。オシャレのセンスがなかったわけではない、「私はただ下宿人風の倹約生活を知っているだけで、都会のギャングたちの華やかな魅力を身につける努力をしようとも思わなかった」と言い訳しているのがモリッシーらしい。「ファッション」は、やみくもにお金をかければいいというものではないという主張が見え隠れしている。

「ファッショナブル」より「スタイリッシュ」

1982年の夏、ジョニー・マーははじめて、キングス通り384番地のモリッシーの家を訪れた。マーはその時に「フィフティーズのファッション・センス」も共有したことで親密度が増したと信じているようだ。ふたりとも、ヴィンテージのアメリカ製リーバイスのマニアだったという。マーは、マンチェスターのチャペル・ウォークにあった、当時最先端のイケてる服屋「Xクローズ」で働いていた。マーははじめてモリッシーに会う前に、「Xクローズの派手な服とテディボーイ風の髪形は、モリッシーの反感を買うだろうか？」と心配していたそうだ。

しかしそんなオシャレなマーを見たモリッシーはひと目で「合格」を出した。自分の部屋に招き、大きなジェームス・ディーンの切り抜きとエルヴィス・プレスリーのブロマイドまで見せる喜びようだった。マーが、単なる見せかけのファッションにこだわった「オシャレ野郎」なら自室にまで招くわけはない。そこにフィフティーズを愛するマーの美学や独特の「スタイル」を瞬時に認めたのではないだろうか。自伝では、目の前に現れたこのスタイルをともなった「ギターの才能の塊」を畏怖するような気持ちを吐露している。

そしてマーと比べて、「古着の大きすぎるオーバーコート」に身を包んだみすぼらしい自分を自虐的に羅列している。ボウイと会った時と同じだ。モリッシーは、素晴らしいスタイルを持った誰かに会った時に、その人の素晴らしさを「ひとごと」として、闇雲に賞賛したり、感嘆したりするのではなく、「我がこと」として自分に照らし合わせる。そして我が身を嘆く。相手や世間が自分をどう見るか、評価するかの前に、常に自分で自分を評価している。自意識と評価基準が高く、決して自分で自分にオーケーを出さない厳しさを感じる。また同時に、そんな自分の美学に見合う相手に会った喜びを感じる性質《たち》なのは間違いない。

スミスの初期にはマーは、フィフティーズ・ファッションへのこだわりからメンバーに50年代のボーリングシャツを着させようとしたそうだ。1983年にはじめて『トップ・オブ・ザ・ポップス』に出る時には、アンディー・ルークとマイク・ジョイスをちょっとハイソなスーパー・マーケット「マークス&スペンサー」に連れて行き、黒いタートルネックセーターを買わせたという。時にはモリッシーも、シャツの裾をきちんとしまい、カーディガンなどを行儀良く着ていた。そんなスミスは、昨今流行の「ノームコア」の元祖的存在と評されることがある。

しかしモリッシーは、マーのおすすめスタイリングからは意図的に逸脱していったのか、NHS（National Health Service：イギリスの国民保健サービス）支給の無骨な眼鏡をかけ、時には補聴器をつけ、「大きなサイズ」の女性向け洋服チェーン「エヴァンズ」で買ったシャツを好んで着るようになった。着るというか、その大柄な女性が着るカラフル柄のヨレヨレのシャツを、ボタンは2つくらいしかとめないでひらひらと着流していた。バンドで「ロック」をやりながら、歌で主張をしながら、ハードなかっこうはしない。自分が憧れたグラムロックのようなグラマラスなかっこうもしない。おばさん御用達のシャツを着てヨレヨレ踊る。逆にその姿勢が世の中に対して、その後の音楽シーンに対して、「逆にロック」であると気づいていたのだろうか？　オシャレには見えない「逆説スタイル」で、シーンに打って出たのだ。

そんなスミスが1983年10月に出した2枚目のシングル「This Charming Man」の歌詞のなかでも洋服に関しての言及がある。オフィシャルビデオのなかで、数珠のような安っぽいネックレスをジャラジャラ身に着けて、胸を開けて、花を振り回して、時折雄叫びをあげながら、モリッシーはこう歌う。

「今夜、僕はデートするんだろうな／でも、着ていく服がないいんだ」——「This Charming Man」

これはモリッシーの、見てくれに関する強い自意識が表れた歌詞である。イケてるデートの相手の魅力にあらがえない僕、君に会いに行っちゃうんだろうな、でも着ていく服がない、とつぶ

昨今、80年代イギリスの若者等身大のスミスのプレーンなファッションは、「ノームコア」の「走り」と言われることも。（Stephen Wright/Premium Archive/Getty Images）

やく。これは卑下ではなく、「かけひき」の一種であるように思える。僕はその相手である「チャーミング・マン」の、「君みたいなハンサムがそんなこと気にするなんて、ぞっとしちゃうよ」という言葉を引き出す。「釣り合わない」はずの僕が、巧みに主導権を握っていく。行間からは、こんな駆け引き心理がにじみだしている、ように思える。

「今夜、僕は歌っちゃうんだろうな。でも着る服がないから、ほら、こんな恥ずかしい服なんだ。ファッショナブルじゃないし、おばさんみたいだろ？　クネクネと身をよじらせて、気持ち悪く踊って、歌うんだ。ほら目が離せないだろう…？」

ファッショナブルじゃないのに目が離せない、そんな「みっともなさ」スタイルで世間の目をくぎ付けにして、のし上がってきた。彼は１９８３年の段階でこう語っていた。

「スタイルっていうのは洋服とは関係ない。服を持っていてもスタイリッシュにはなれない。ファッショナブルにはなれる。買い物に行って何か買うことはできる、でも、変な風に着たら意味がない」

（１９８３年２月『ｉ－Ｄ』）

服を買ってきて、髪形をそれっぽくして、「ロックぽい」かっこう、デートだとかパーティーだとか、「それなり」のかっこうをしてファッションをとり繕うことは、お金さえ出せば誰にでもできる。しかし自分の「スタイル」を創ることは誰にでもできることではない。それこそが、いわゆるファッショナブルではないのに、独自のスタイルを確立して支持を受けた、モリッシーいわく「史上最悪のファッションをまとったバンド」スミスでモリッシーが体現したことではないか。

ストリートに氾濫したモリッシー

独特なスタイルを保持しているため、どこかのファッションブランドのCMタレントやらイメージ・アイコンには絶対になり得ないと思っていた。かつてブライアン・フェリーがその「ダンディー」性を逆手にとって、ファスト・ファッション・チェーン「H&M」の広告に出て1000円程度のワイシャツを着て踊るのを見ておののいたが、そのようなことは絶対起きないと思っていた。しかし、想定を上回る事件が起きた。

2016年2月のある朝突然、東京に「モリッシーが氾濫」するという、思いがけない事態が訪れた。表参道で、原宿で、恵比寿で、人生においてモリッシーの「モ」の字も関係ない人たちが行きかうなかに、大量のモリッシーが現れたのだ。

なぜそのような事態が訪れたのか？　それは、アメリカの大人気ストリートファッションブランド「Supreme（シュプリーム）」のプロモーションの一環だった。シュプリームは春・夏物売り出し前に、ニューヨーク、ロス・アンジェルス、ロンドン、東京などの主要都市の街中に、そのシーズンの「フォトTシャツ」に起用したスターのポスターを突如貼るという、ゲリラ的なプロモーションをする。過去には、ルー・リードやケイト・モス、ニール・ヤングなどのスターを起用しており、「フォトTシャツに誰が選ばれるか」というのが毎年話題になる。それらは、プレミアがつき、高値で取引されている。

しかし、「モリッシーが氾濫」に至るまでには、悶着があった。

この貼り出しより少し前、新シーズンのコレクションを発表するタイミングでシュプリーム側がフェイスブックで、「モリッシーがすべての写真の使用を拒否。代わりにキャンペーン用にシュプリームが提供したボックスロゴのTシャツを着用し、自ら撮影した写真の使用を希望している」と発表した。今回のキャンペーンは2015年7月にシュプリームからモリッシーにアプローチしてはじまり、写真の用途に関して写真家テリー・リチャードソンと双方合意の上で進行。撮影時のポーズもモデルの意思に任せており、出演料も要求通り支払い済みにも関わらず、モリッシー側が「写真の使用を差し止めたい」としているというのだ。

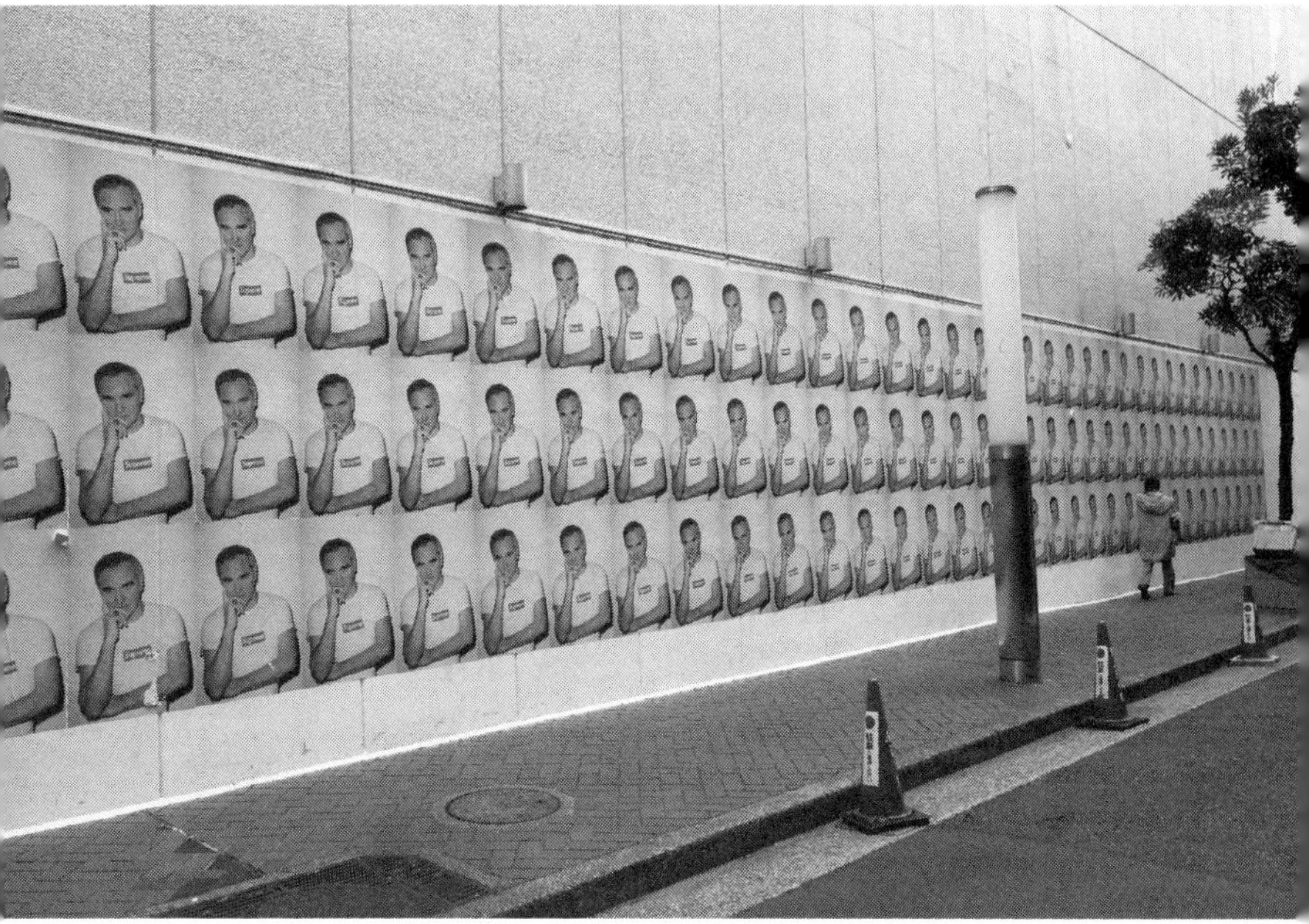

2016年2月、東京の渋谷、表参道、原宿、代官山各所に突如、モリッシーポスターが氾濫した。写真は渋谷、パルコ裏の風景。当時、はがされたポスターまで、オークションで販売されていた。（筆者撮影）

シュプリームはその後、モリッシーが希望している、甥、サム・エスティ・レイナーのインスタグラムで公開されている写真（モリッシーが前方に手を伸ばしているもの）は使用できないと判断し、写真の選び直しや撮り直し、またはモリッシーからのギャラ返還でこの話を白紙に戻す提案もした。しかしどの提案にも納得がいかなかったのか、モリッシーはこれには答えず、ファン・サイト『True To You』にて、シュプリームが過去に、「ホワイト・キャッスル」というハンバーガー・チェーンとコラボしていたことを批判した。

モリッシーの反論にシュプリームはキレ返し、「ならいいですよ！」と、そもそもの話自体をキャンセルするため、再度モリッシーに支払ったギャラの払い戻しを要求したが、結局和解が実現しなかった。仕方なくシュプリームは、当初の契約に沿う形でモリッシーのフォトTシャツを売り出すべく世界的なキャンペーンを強行した。そんないきさつがあって、日本の街中にもモリッシーが溢れることとなったのだ。

モリッシー広告のインパクト、そしてシュプリームとの「もの別れ」ストーリーも「事前の話題性」としては十分、火に更なる油を注いだのか、モリッシーのフォトTシャツはシュプリーム2016年春夏コレクションの目玉となり、日本のシュプリーム各店にも徹夜で列ぶ人たちが殺到。8000円定価でありながら、発売日の夜には10万円の高値でヤフオクに出品されているのを見た。

このシュプリームとモリッシーの争いを「絶賛勃発中！　モリッシー vs Supreme 仁義なき戦い」と題してブログにアップした。すると、「モリッシー　シュプリーム」と検索した、モリッシーが誰だかも知らない方々までブログを訪問してくれたのか、マニアックな偏執ブログにとって前代未聞の、「数千ページ・ビュー／日」を数えることとなった。今、「モリッシー　シュプリーム」でグーグル検索してみたら、いまだに私のブログがいちばん上に来ていた（苦笑）。2年以上たった今でもこのTシャツの人気は衰えていない証だろうし、おおいに「バズった」事件となったのだ。

当時、私は騒動を知ってしまっていたし、またモリッシーの本意でないものを買うのも気が引けると思っていたが、ファッション関係に知人がいる弟が、いきなりプレゼントしてくれた。我が弟としては、おかしくてたまらない。姉が何十年も好きなせいで、昔から自分の意志ではないのに折に触れて見せられてきたあの顔がTシャツになり、「超オシャレなアイテム」となって人々が殺到しているだと!?　「なんでモリッシーが!?　まったくオシャレじゃないだろう、シュプリームの冗談もキツいなあ（笑）」という「何が何だか」状態だったのだ。「そもそもなんで、シュプリームがモリッシーを選んだの？　日本の演歌歌手、『鳥羽一郎』Tシャツなんかがオシャレなブランドで売られる感じ？」と彼に聞かれ、「いや、それは違う……」と否定したくて私も考えた。

ツイッターでシュプリームファンたちのコメントにも、

「なんでシュプ、あんな誰だかわかんない人選んだの!!」

「ニール・ヤングのほうが、あんな爺さんよりよかった!」（ニール・ヤングのほうが14も年上だが……）

「この人なに？　俳優？　なんで選ばれたの？」

というようなものが多々あった。しかもそれは日本だけではない。ニューヨークでシュプリームの新商品発売を待つ若者が取材されている映像を見た。

インタビュアー「なんで並んでるの？」
若者「モリッシーのTシャツのためだよ」
インタビュアー「モリッシーが好きなの？」
若者「誰だか知らね～」

それでも若者たちは「シュプリームだから」並ぶのである。シュプリームが選んだものだから、なんであろうと「イケてる」と思うのだ。シュプリームはこのモリッシーフォトTシャツと同時に、1989年、イギリスのエレクトロニック・ポップ・デュオ、イレイジャーが発売したアルバム『Wild!』のアートワークをモチーフにしていた。過去には、マルコム・マクラーレンやジョイ・

ディヴィジョン、ニュー・オーダーのアートワークを手がけたピーター・サヴィルともコラボレーションをしていた。

「なんだ、シュプリーム、相当こっち（80年代UKカルチャー好き中年）寄りじゃないか……」と思った。そのチョイスがリアルな80年代文化を通ってきた人のにおいがする……と踏んで、シュプリーム創設者ジェイムス・ジェビアについて調べてみた。

ジェビアは、1964年にアメリカで生まれたものの、1歳から19歳までイギリスの、ロンドンから40分の郊外クローリー（キュアーのロバート・スミスの出身地で知られる）で過ごした。つまり人格・趣味・価値観形成期に、「イギリスの80年代文化どまんなか」にいた。『i－D』のインタビューによると、当時創刊された『THE FACE』や『i－D』を読みまくり、ファッションや音楽のベンチマークにしていたそうだ。スミスは1983年にロンドンで18回くらいライブをやっているので、彼が観ている可能性もある。

1994年にニューヨーク、マンハッタンの商業地区に開いた小さなスケートショップからはじめ、地元のアンダーグラウンドシーンと密接にリンクしながら、アーティストや企業とのコラボレーションを行い、飛躍的にブランドの名前を世界に広めたジェビアの斬新なアイディアやセンス。その原点は、「80年代のUKカルチャー」にあり、その時代の象徴的アーティストでもあるモリッシーをリスペクトしていての起用だとしたら、元々は「ちょっといい話」だったという考察にいたった。

今やストリート・ファッション界のカリスマとなったジェビア、別のもうひとりのイギリスから来た男に、あんな形で「断固拒否」に合うとは思わなかったろう。せっかく弟が手に入れてくれたシュプリームのモリッシーTシャツであるが、いまだに袖を通していない。

Tシャツというメディア

こうして「ファッション」として消費される対象になったモリッシーだが、シュプリームとのいざこざ以降、自身はますます、「反ファッショナブル」なファッションを提案している。最近のオフィシャル・マーチャンダイズの勢いはすさまじく、精力的にTシャツの新作を発表している。普通のロックアーティストが決して売らない、「メッセージ」性の高いものばかりだ。

2017年3月、モリッシーが敬愛している、アメリカの作家で公民権運動家のジェームズ・ボールドウィンの写真を使用したTシャツを発売しようとした。すると、すぐにメディアでも取り上げられて、SNSでは「人種差別！」、「不快！」、「モリッシー嫌いになった！」と大騒ぎになった。黒人である彼の写真に、スミスが1986年に発表した「Unloveable」の歌詞を付していたことが問題視されたのだ。数々の批判を呼んだ結果、とうとうTシャツは発売中止になった。

その歌詞は、

「私は外見では黒をまとう／黒は私が内面で感じている色だから」──「Unloveable」

このTシャツが「ぱっと見」で批判を呼ぶのはわかるが、モリッシーは黒人を揶揄するつもりなど毛頭なかったはずだ。そもそもモリッシーはボールドウィンを敬愛している。自伝でも、彼が世間から、『黒人であること』（〝blackness〟）を笠に着て権利ばかり主張している」と、うがった見方をされてきたことを憂いていた。

ここで言う〝blackness〟は、「世間から見える外見から定義されたもの」であり、本当のボールドウィンの〝blackness〟＝「黒人としての内面から定義されたもの」とは異なるものだ。「黒人」という見え方や表現の並びで、これは「不快！　差別！」と思うのは、差別文化や前者の〝blackness〟にどっぷり浸った人たちの言い分のようにも感じる。モリッシーはこのTシャツを通じてボールドウィンが、自分の人間としての内なる〝blackness〟に自信と矜持を持って、〝black〟を身にまとっている、と言っているかのように見せたかったのではないだろうか。モリッシーが檀上に挙げたいのは、人種とか色とか性別とかそういう「区別」の問題ではない。「内面で感じる黒」＝アイデンティティーを、ちゃんと君たちもまとって生きているか？　という問題提起に思える。

２０１７年9月には、11月発売の『Low In High School』に収録される新曲のタイトル「Who Will Protect Us From The Police?」と記された新しいTシャツを販売開始した。そこには、警官が男性を地面に押さえつけ殴りかかろうとしている様子を捉えたモザイクのかかった画像も印刷されている。

4時間目「性と愛」の章でも触れたが、モリッシーは、２０１７年7月にローマのナイキ・ストアの前で警察官と思しき男に、35分間足止めされた。その「警察官」はモリッシーに「書類」を見せるよう、暴力的な態度で要求したという。モリッシーは一歩も引かなかったが、銃で撃たれるかもしれないという恐怖を感じた。

彼の警察に対する憎悪は深い。２００６年に発売されたシングル「The Youngest Was The Most Loved」のマキシ・シングルに収められた「Ganglord」の歌詞のなかで警察を批判している。

「ギャングの親分聞いてくれ／警官たちが俺の家に蹴破って入ってくる／俺につきまとってなじりまくりやがる！／どうせ奴らの法を犯させたいんだ」

——「Ganglord」

２００６年12月のロンドン公演ではこの歌を、２００５年7月に起きたロンドン同時テロの際に、自爆テロ容疑者と間違われて警察に射殺されたブラジル人青年ジェアンシャルレス・ジメネゼスに捧げると言って歌った。警察官は、電車の座席に座っていた無抵抗の彼の頭に7発もの銃弾を撃ち込んだという。この横暴な「誤射」に、モリッシーは激しい怒りを覚えた。

この曲は、2014年以降ライブの定番曲に復活。モリッシーはライブ中に警察による暴力行為の様子を映した映像をステージ上の大きなスクリーンで流し、ヘヴィーなアレンジでこの歌を歌う。ライブでは定番の、モリッシーが動物愛護の立場から人間の肉食を批判した「Meat Is Murder」で流れる動物の屠殺映像と並び、その警察官が一般市民をボコボコにする暴力的すぎる映像を、見ていられないというファンもいる。

王室批判、肉食批判、動物愛護だけでなく、今回は警察批判まで、歌だけでなく、ビジュアルで、そしてTシャツで、不満や憤りのメッセージを送るモリッシー。今やモリッシーにとっての「ファッション」は、世間的な「オシャレに見せるもの」という定義とはかけ離れ、もはや「メディア」、「表現」、「伝達手段」なのである。だから、ステージで、プライベートで、モリッシーの洋服や身につけているものひとつひとつが何であるか凝視してしまう。何かメッセージが、ヒントが隠れていないかと、彼が胸に付けたバッジやステッカーのひとつひとつまで見てしまうのだ。今まで、モリッシーが胸に貼っているPETAや動物愛護団体のメッセージ・ステッカーを何枚探し当て「特定」しただろう（笑）。シャーロック・ホームズのようにつぶさに観察し、探し、答えに近づいている時、とてつもない快感を覚える。モリッシーの宝探しゲームに参加しているようだ。

２０１２年頃から、ライブやテレビ出演において、バンドメンバーに政治的メッセージや肉食批判、動物愛護などのＴシャツをユニフォームのように着させて、「主張メディア」としても使っている。ライブを開催する「ご当地」に合わせて、「ここでそれを！」というような様々なメッセージを出す。もはや匠の技だ。そんな過激なメッセージＴシャツは、すぐにメディアに大袈裟に取り上げられることになるので、それも意識している。もはやプロの「バズらせ」屋だ。

モリッシーは、『Kill Uncle』ツアー時にツアー・ビジュアルにもしていた、敬愛するイギリスの女流詩人であり批評家、イーディス・シットウェルの写真のＴシャツも売っていた。両手を合わせて正面を向く、真摯な表情のシットウェル。そこに書かれているのはこんな言葉。

「ファッショナブルな服は、着られない」（〝I can't wear fashionable clothes〟）

メッセージやスタイル、言ってみれば己の哲学のない服は、着ないのではない、「着られない」のだ。ファッショナブルな、単なるオシャレな服を着ることはできない。モリッシーの「服を着る」という行為は常に、意味を持つ。服は伝達手段であり、見せるため、主張のため、反逆のための戦闘服となり得る。モリッシーの「ファッション」信念を象徴する言葉ではないだろうか。

2017年4月8日、カリフォルニアのライブにて。バンドメンバーに「くたばれトランプ」のメッセージTシャツを着させて登場。(Timothy Norris/Getty Images Entertainment/Getty Images)

モリッシーがライブでバンドメンバーに着せた過激メッセージTシャツ5選

2012年3月@アルゼンチン・ブエノスアイレス

“WE HATE WILLIAM AND KATE”
(ウィリアム王子とケイト妃がでぇっ嫌い)

反王室の立場を表明しつつ、MCで1982年の「フォークランド紛争」に触れ、フォークランド諸島がアルゼンチンのものであり、イギリスのものではないと発言。2011年5月にはウィリアム王子とケイト妃の結婚についてロイヤル・ウェディングならず「ロイヤル・ドレディング(王室のおぞましい行事)」と揶揄している。

2012年4月より@日本、トルコなど

“ASSAD IS SHIT”(アサド大統領はクソ)

シリアのアサド大統領を批判。日本公演ではこのTシャツを着たメンバーと現れるなり「タスケテ、タスケテ、タスケテッ!」と日本語で叫び、シリアのもたらす脅威をコミカルに示唆。

2012年5月@アメリカ・サン・ディエゴ

“SeaWorld SUCKS”(水族館最悪)

ライブ会場からすぐ近くの、地元の有名な観光名所「シーワールド・サンディエゴ」を動物愛護の立場から批判。

2014年10月@ポルトガル・リスボン

“FUCK HARVEST”（くたばれハーヴェスト・レコード）

『World Peace Is None Of Your Business』のプロモーションに関して、ビデオ制作などを行わないハーヴェスト・レコードに不信感を募らせ、同年8月に契約解消。その恨みからの嫌味。

2017年4月より@メキシコ、アメリカ・テキサスなど

“FUCK TRUMP”（くたばれトランプ）

メキシコやヒスパニック系が多い地域で、大統領に就任したばかりのトランプ大統領批判。2017年1月には『Years Of Refusal』のアルバムカバーのパロディーで、トランプ顔の赤ちゃんを抱いた写真を発表。それをバックドロップに流し、また「Shoplifters」を“Trumpshifters of the world unite”と歌い揶揄（替え歌は2016年から）。

2017年10月2日@イギリス『BBC 6 Music Live』

“The Return Of The Black Panthers”（ブラックパンサー党再び）

1960年代後半から1970年代にかけてアメリカで黒人民族主義運動・黒人解放闘争を展開していた急進的な政治組織「ブラックパンサー党」に言及。

7時間目「生と死」後回しにせず、今すぐアクション

モリッシーの「死」ソング3選

♫ **Death Of A Disco Dancer**（『Strangeways, Here We Come』The Smiths）

♫ **Action Is My Middle Name**
（「The Last Of The Famous International Playboys」（Reissue）B面）

♫ **One Day Goodbye Will Be Farewell**（『Years Of Refusal』）

死ぬまでアクションし続ける

死ぬ死ぬ死ぬ……。モリッシーほど「死」にまつわるテーマについて、こんなに多く口にし、あからさまに表現し、歌う歌手も珍しい。時にポップに愉快そうに、時に重厚に悲壮感をこめて、死にいく者、死の陰の谷の情景を歌う。あまりに歌詞に「死」のイメージがよく出てくるので、それを揶揄した、「モリッシーの死に歌10選」なんていうジョークを海外のサイトで目にしたこともある。

1. **ベッドでこん棒で殴られて死ぬ**（「Bigmouth Strikes Again」）
2. **10トントラックか、ダブル・デッカー・バスに轢かれて死ぬ**（「There Is A Light That Never Goes Out」）
3. **食道に弾丸を詰まらせて死ぬ**（「First Of The Gang To Die」）
4. **ディスコの熱狂で死ぬ**（「Death Of A Disco Dancer」）
5. **不慮の暖炉風ストーブの事故で死ぬ**（「Sweet And Tender Hooligan」）
6. **首つりで死ぬ（DJしていて）**（「Panic」）

7. 道の真ん中で寝そべって死ぬ（「Nowhere Fast」）
8. 中庭で繰り返し叩かれて死ぬ（「Reel Around The Fountain」）
9. 飛んでいる弾丸の前にジャンプして死ぬ（「What Difference Does It Make?」）
10. 嫌なことを言われて死ぬ（「Death At One's Elbow」）

これでもほんの一部。歌のなかで、とにかく死にすぎである。スミス時代には自殺を示唆する歌（「Shakespeare's Sister」、「Stretch Out And Wait」、「Asleep」など）も多く、またソロ以降は「死んで棺の上に黒い土がかかる」（「When Last I Spoke To Carol」）、「継子にナイフで刺されて死ぬ」（「The Father Who Must Be Killed」）、「大学の階段から転げ落ちて死ぬ」（「Staircase At The University」）、「闘牛で死ぬ」（「The Bullfighter Dies」）、「家出して死ぬ」（「Istanbul」）、「刑務所で死刑になって死ぬ」（「Mountjoy」）などの、新しい「死に歌」も加わっている。

スミス時代からソロに至るまで、英語で言うと〝mortality〟、つまり人間の「死にいく運命」について歌い続けている、まさに「死に歌歌手」。そんな彼のキャリアでも死に歌ナンバーワンとして挙げたいのが、２０１１年6月に発表した「Action Is My Middle Name」だ。この曲はアルバム未収録だが、ＢＢＣラジオのジャニス・ロングの番組のために収録し発表されたのが最初だ。

「アクションが私のミドルネーム／もう1秒たりとも無駄にできない／葬儀人と待ち合わせした日は皆にくるんだ／その約束は破れない」

――「Action Is My Middle Name」

「死ぬ日」だけは必ず皆に平等にやってくる、不可避なものだ。だからその日まで一瞬も無駄にせず、ただ今、できることを「アクション」して最善を尽くすという、彼の行動表明であり、我々へのメッセージであるように聞こえる。聴くと勇気がわいてくる。

もともと体制批判や社会に対する発言は多かった。しかし50代以降、王室批判や食肉批判、社会問題に関するメッセージもよりリアルタイム化、具体化していっており、たしかに、一層「アクション派」になっている感がある。モリッシーのキャリアのなかでの、「楔」的な一曲ではないか。私はこの歌を聴く前にタイトルを見ただけで「モリッシーの今」感を感じて感銘を受けてしまい「ああこれは座右の銘にしたい!!」とブログのタイトルにまで借用してしまった。それ以来、生きていて面倒なことや迷うことがあると「アクションが私のミドルネーム！」と自分に言い聞かせてやってきた。

ちょうどこの歌を発表した時、イギリスの新聞『The Telegraph』でモリッシーは、過去より「少し不幸ではなくなった」こと、また「中年」になったことは彼に合っていることを認めていた（2011年6月17日）。過去30年を振り返るとそれは決して生やさしいものではなかったが、それらの恐ろしい経験によって人生を豊かに感じることができると語っていた。当時モリッシーは52歳。２００9年に発表した前作『Years Of Refusal』以降レコード・レーベル契約はなく、ちょうど自伝の執筆を進めていた頃だ。それもあってか過ごしてきた自分の人生を俯瞰し、また30年近くもシンガーとして生きてきて様々なつらい思いを振り返り、今自分が生きていることも、苦渋の経験があってのことだという感慨に至り、人生を豊かに感じることができると言っている。中年になってようやく「おとな」になったのだろうか。

それもあるだろうが、「概念」として憑りつかれ、魅力的に思っていた「死」を、年齢と共に現実のものとして身近に感じはじめたことが「おとな」になる契機になっているのではないだろうか。運命の川を、「アクション」というオールを手にし、「死」という終点目指して積極的に漕いでいこうとしはじめたのではないかと思う。

「必ず死ぬ、それならば死ぬ前に行動しよう」というのが、モリッシーの積極的な「死に方」だ。「弱々しい」、「陰鬱」と言われていたモリッシーとはまるで違う、鬼気迫る力強さで歌っている。

「憂鬱キャラ」という汚名

「死」をテーマにし続けているモリッシーだが、そもそも生と死の境界線を「線」でとらえてはいなかったのではないか。かつてスミス時代、「Nowhere Fast」のなかで、

「ベッドに横たわっている時／生きること、そして死について考えている／どちらも、特に私に訴えてくるものがない」

――「Nowhere Fast」

と、「生きるも死ぬも同じ」と歌っていた。自分が生きている「生」が素晴らしくないので、「死にたくない」という気持ちが薄かったし、また興味はあるものの、本気で「死にたい」という気持ちもよくわからずにいたのだろう。『自殺』について何百回も試みたいと考えたことがある」と語っていたが、「試みたい」と考えただけで、試しはしなかったのかもしれない。

しかし夭折したアーティスト、例えばジェームス・ディーンやマリリン・モンローに魅かれると発言しており、1988年、29歳直前でソロデビューアルバム『Viva Hate』をリリースした時には「あと2年くらいで死ぬだろう」と語っていた。実際、スミスは自分の「生命維持装置」

と語っていたこともあっただけに、解散を機にその装置もなくなってしまったら、本当にどうにかなってしまわないのだろうかと危惧した。その時『NME』(1988年2月)には、8歳か9歳くらいから憑りつかれたという筋金入りの「死」への妄執も表明していた。たしかに、自伝の子ども時代のマンチェスターについての記述では、のっけから堕胎された赤ん坊の死体、動物の死骸、咳き込んで死んだヴィクトリア時代のマンチェスターの人々と、死臭の漂う描写が続き、スミスの「Suffer Little Children」でも歌われた連続殺人事件「ムーアの殺人」のこと、52歳の祖父と24歳の叔父の突然死、と死エピソードのオンパレードだ。「うへぇ〜」とイヤになるほどの暗さで、ここを乗り越えられるかが、モリッシー自伝の最初にして最大のハードルだ。幼い頃から彼が死に執着していたのは、自分のものというより、舞台装置として、または寓話的な「死」に興味があり、意識的だったとも言える。少年期からのめり込んでいた文芸作品の影響もあり、ドラマティックに意識していたのかもしれない。

スミス時代からの数々の死に歌から、死への執着発言や生への恨み節……そんな作風、人物像から、「モリッシーは陰鬱」、「女々しい」、「悲壮」というイメージは完全に固定化されてきた。

90年代にイギリスに住んでいた時、「モリッシーが好き」と言うと、現地の友人たちに「ネクラなんだ!?」「一日に何回くらい死にたくなる?」と聞かれてゲラゲラ笑われたりした。今でこそ、レジェンド感やご意見番感もあるモリッシーだが、当時はまだ「元スミスの変わりもん」、「情けなアイコン」、「陰キャ」としての印象が強かった。イギリス本国でもその憂鬱さやダメ感は揶揄される場面が多くあった。

日本でも80年代には「憂鬱キャラ」イメージは定着していた。1985年7月号の『ミュージック・マガジン』における鳥井賀句氏のインタビューのタイトルも忘れられない。そのタイトルは、「ザ・スミス〜世紀末社会に浸透する『めめしさ革命』の中心人物モリッシーに会って」であった。め、め、めめしさ革命……。その言葉を考え出した鳥井氏はすごいが、あまりの「それは違うんでは」感にぶちのめされた。

鳥井氏は同年のスミスのイギリスツアーを観て、ブリストルのライブの翌日にモリッシーに会って話を聞いた。間違いなく貴重なインタビュー記事なのだが、そのなかでモリッシーを「魂の優しき敗北者」と定義。モリッシーの歌声に女々しい自己憐憫を感じたようだ。しかしインタビュー内容のどこをとっても、モリッシーは敗北者ではないし、自分を「憐憫」などしていない。

インタビューで、「ジョイ・ディヴィジョンのイアン・カーティスは自殺し、ブライアン・ジョーンズはドラッグで孤独から逃避したが、あなたはどうやってそれを乗り越えたのか」と聞いている。この質問を見た時、鳥井氏はモリッシーに「あんたはなんで死なないのか」と聞いているように思えた。「そんなに孤独でつらい人生なのに、生きてんのはなんで?」という疑問だ。

しかしモリッシーの答えはその一歩先を行っていた。

「僕が孤独を乗り越えたわけじゃないよ。そういう寂しさというものは、たとえ職業的に成功して幸せになっても、逃れられるものじゃないんだ。誰でも十代の頃は楽しくあるべきだし、大切な時期だと思うけど、僕の十代っていうものは楽しいものじゃなかった。今でもそこから逃れられたとは思っていない」

（1985年7月号『ミュージック・マガジン』）

今この答えを改めて読み返してみて、「女々しさ」はまったく感じられないが、かと言って、「雄々しさ」もない。乗り越えられないから「逃げたい！」という告解でも、乗り越えたから「解決した！」という気休めでもない。ただ、自分の逃れられない宿命に向き合っている淡々とした潔さがある。

そして『Years Of Refusal』リリース時の、私がいちばん好きなインタビューではこう語っている。

「若い時、自分の人生はある日突然変わる、まったく違った人生が待ち受けていると期待するんだ。経験から学んだことは、大人になるというのは苦い体験をし、自分は孤独、たったひとりで死ぬ……ということに気がつくことだ」

（2009年2月25日『bounce』）

死や孤独、様々な問題に対して「執行猶予」など必要ない、今を受け容れ、さいなまれろ、なんの気休めも傷のなめ合いも意味がない、ということを、モリッシーはずっと言い続けている。彼の態度はシンプルだ。「人は孤独、たったひとりで死ぬ」という圧倒的な事実に向き合うということでしかない。

２０１７年3月、アメリカの新聞のインタビューでは、彼の歌詞がすぐに認知されるようになった理由のひとつに、その「憂鬱さ」があり、今までそのことで制約されていると感じたことはあるかと聞かれている。

「そのことで自分は向上させてもらった気がする。なぜなら人生は、実際、まったく憂鬱なものだからだ。だから、憂鬱さを表現することには、人々共通の真実がある。幸せでなきゃいけないという強迫観念にとらわれた歌詞なんて、多くの人々にとってそんなに関係ないんだ。私たちは皆、死ぬ。それは、ひどく笑えることではないことは明白だから」

（２０１7年3月21日『Dallas Observer』）

と、相変わらずの一貫性を見せた返答をしていて、「人は必ず死ぬ」、「人生は憂鬱」、そんな絶対的真実から目をそらしたり、ごまかそうとしたりしていない。彼は楽観的にならずに、まるでジャーナリストのような目で「事実」をえぐり、現実主義者としてこの世の「憂鬱さ」を歌で表現しているだけであって、決して自分が憂鬱なのではないのだ。

死を受容するすがすがしさ

「たったひとりで死ぬ」ということを覚悟した前述の『Years Of Refusal』リリース時のインタビューから数か月後、モリッシー自身は病に倒れ、「死」が現実のものとして身に迫るという思いをしている。

2009年10月、イギリスのスウィンドンでのライブ中に、呼吸器の疾患によりステージで倒れ、病院に搬送された。その後2013年はじめには、数週の間に合計12回の公演を延期、もしくはキャンセル。それらの理由は膀胱感染症、震盪と潰瘍性出血、逆流性食道炎だった。2月末よりツアーに復帰するものの、1週間後には両肺炎を起こし、ドクターストップ。同7月、再び復活と思いきやチリのレストランで深刻な食中毒に見舞われ、後に「9分間死んだ」と語っている。

まるで「病気のデパート」のようだった。ここまで病気になり続け、はたまた食中毒にもなるなんて、どれだけ免疫力が落ちているのかと、とても不安になった。その後も2014年6月には呼吸器の感染症でアメリカツアーをキャンセル。高熱にうなされ病院に担ぎ込まれた彼は6時間も錯乱状態が続いて、意味不明なことを休みなく喋り続けたという。一種のせん妄状態というものだろうか。

10月にはとうとう、この1年半にわたって数回入院を繰り返し、がん細胞を取り除く治療を4回も受けてきたことを、スペインの新聞『El Mundo』のインタビューで明かした。各音楽メディアは「モリッシーがガン！」と騒ぎ立て、ファンの間にも衝撃が走った。

それを知っていてもたってもいられなくなった私は、すぐにチケットを予約して、翌月末のロンドン公演に行った。想像すらしたくなかったが、もし万が一のことがあって二度と彼を見られなくなったら、後悔してもしきれないと思ったからだ。当時を振り返ってみると、それほどモリッシーの病状に不安を覚えていたから、突如行くことを決めたのだと思う。

無事にロンドンのO2アリーナのステージに現れた彼は、上下白の服を着ていた。「病み中」の歌手は2万人の観客が束になっても叶わぬほどの力強さを発し、鬼のような形相で激しく歌っていた。ところどころ、怒っていた。不謹慎ながら、白い死装束のまま、「あの世」から帰ってきた人の凱旋公演のように思えた。この世でやることがまだあるから、「あの世」には行かなかったのかもしれない。

自身がガンであることをカミングアウトしたインタビューでは、自分の健康に関して、

「死んだら、死ぬ。死ななければ、死なない。今は、調子がいい。最近の写真のいくつかを見ると、なんだかげっそりしている。でも病気だったらそうなってあたりまえじゃないのか？」

（２０１４年10月6日『El Mundo』）

と、開き直るというか、達観しているかのように答えていた。決して悲壮感や陰鬱さは漂ってこなかった。モリッシーはいろいろなことに文句を言うし、現状に満足などしない。しかし自分の人生に関しては、すべてを受け容れている。仏教にあるような、いい意味での「諦念」を感じられるコメントだと感じた。投げやりに諦めているのではなく、「いざとなったら何物にもしがみつかない覚悟」に彼の強さの原点を見た気がした。

英語で「諦念」を調べると、〝resignation（観念）〟と〝acceptance（受容）〟が出てきた。モリッシーの「諦念」は、後者だろう。モリッシーは、死の前に頭をうなだれて「観念」しているのではなく、むしろ頭を上げて胸を張って「受容」しているというイメージだ。「生」の執着から離れている姿は「すがすがしい」。この嘆かわしい「人生」を、あらかじめ「死」を担保するための短期的契約のように、むしろクールにとらえているのではないか。人生への執着から離れることで自身の抱える孤独に真摯に向き合い、つまびらかにしたものを、歌っている。人生は諸行無常、苦しくて、寂しくて当たり前、「人間だもの（ｂｙもりを）」というスタート地点に立って、

2012年11月29日、ガン公表後のロンドンO2アリーナでのライブ。約2万人の観衆の前で、白装束で力強く歌った。（Jim Dyson/Wire Image/Getty Images）

すさまじいまでに生きて、歌っている。

絶望オリエンテイテッドな生き方

２００９年11月29日、ライブで倒れた直後、モリッシーはイギリスＢＢＣラジオの長寿番組『無人島ディスク（『Desert Island Discs』）』で司会のカースティ・ヤングに、死生観について語った。自分は人生のはかなさや、人がどんな風に自分の時間を使うかということに魅了されている、それは私たちは皆、自分が死ぬことを知っているからだ、と。人生が諸行無常ですべて死に向かって進んでいる、そのことから逃れられないのだから、そのはかない時間をどのように使うかに興味があるというのだ。彼の態度を見ていると、よく「モリッシーあるある」として言われている「ああ、人生苦しい、ああ無常」と嘆いているのみにあらずだ。陳腐な嘆きのその先にある、その無常のなかでどう生きるかを問うているのである。諸行無常、死は不可避という事実を経由して、人生への向き合い方を決めている「絶望オリエンテイテッド」な生き方と言えよう。そして行動を先送りにはしない。「アクションが私のミドルネーム、もう1秒たりとも無駄にできない。葬儀人と待ち合わせした日が皆にくるんだ、その約束は破れない」と歌う彼が見ているのは、現在だけ。いや、「現在」さえもどかしいくらいの、たった今の「瞬間」だけだ。

２０１３年３月のライブでは、自己紹介で、

「私には過去ない、現在もない、未来もない。だから何だ？」
（２０１３年３月２日　ロス・アンジェルス／ハリウッド・ハイスクールのライブにて）

と、「だから何だ？」の語気を荒く叫んでいた。「だから何だ？」は誰に向けての煽りだったのだろう？　観客、世間だけでなく、人生を背負った自分に対しての鼓舞のように聞こえた。

日本の武士道において、特に戦乱の時代においては、今日（今の瞬間）の「生」は、明日（次の瞬間）には「死」となるかもしれない状況なのだから、悔いが残らぬよう一瞬たりともいい加減には生きず、常に死を覚悟しながら生きるべきとされていた。モリッシーが歌っているのもそれと同類の「死に道」だ。単に死ぬまでの時間をのんべんだらりと過ごさずに何かをなして死ぬには、「今アクションする」それしかないと、モリッシーが歌い続け、体当たりで教えてくれているように思う。

このライブでは他にも、アンコールでステージに戻ってきた時にマイクスタンドにまっしぐらに向かい、その前に立って

「このマイクは私の墓石」

とも言っていた。死んだらその下に眠る、ステージ上の墓石。あまり考えたくはないが、墓碑銘には「生きた、歌った、死んだ」と刻まれるのであろうか。ライブひとつひとつ、常に彼の「今」の行動は「死」に裏打ちされ、突き動かされている。

モリッシーからの遺言

2012年11月、私が飛んで行ったロンドン公演の最後、モリッシーは観客への感謝の念を述べた後、

「ひとつだけ、お願いがある。私のことを忘れないでほしい。でも、この私の逃れられない宿命のことはどうか忘れてほしい」

（2012年11月29日　ロンドン／O2アリーナのライブにて）

と述べた。それまで思い思いに「モリッシー！」と叫んでいた2万人の聴衆は黙り込んで聞いていた。私も、自分の運命を受け容れて立つ彼に、陳腐な反応は何ひとつそぐわない気がし

た。観客それぞれが、その言葉の意味を、深く心に染み込ませていたのだと思う。「私のことを忘れないでほしい。でも、この私の逃れられない宿命のことはどうか忘れてほしい」(〝Remember me, but forget my fate〟)という言葉は、モリッシーのライブの後に会場でかかる定番曲クラウス・ノミの「Death」という歌からの引用だ。うわっつらの拝借ではなく、完全にモリッシー自身の言葉として発していた。「逃れられない宿命」、それは「死」を指すのだろう。自分がいつかは死んでしまう、ということは忘れて、とにかく、今の自分を覚えていて。生きて歌っている自分を忘れないで、という懇願だった。「今、ここでモリッシーが生きている」、そして自分も生きているという、その瞬間のみを心に刻みつけようと思った。

同じようなことは、他のライブでもよく語っている。「たとえ私がどこかに行ってしまったとしても、このことは忘れないでいてほしい。私は君たちを愛しているってことを」と涙をにじませて語りかけることも度々ある。ライブで、「死んでも覚えていて」と訴え続けるロックアーティストが他にいるだろうか? 「覚えていて」という遺言を託しつつ、「これを境にもう二度と会えない」という覚悟で歌い、生きているのだと思った。

この後、ロンドンのライブでは、最後の曲「Everyday Is Like Sunday」がはじまった。原子爆弾が落ちた後の、「死後」の静かな海辺の街の情景が描かれた歌であるが、それを美しく歌い上げるモリッシーにも、会場のひとりひとりにも、まだ死んではいない、「いま生きている」という実感がどんどん濃くなっていき一体感が感じられた。何人ものファンが、O2アリーナの高いステージに上がろうと試み、玉砕していた。何人も何人も突進し、モリッシーは手を伸ばす。決して届かないが、決して諦めない、とても美しい光景だった。それを見て私も、願ったことや望んだものを、決して諦めたくないと思った。

「ああ、いつか『またね』が今生の別れに変わる日が／いつかきっとやってくる／だから、まだ間に合ううちに／僕をぎゅっとつかんでくれ」

――「One Day Goodbye Will Be Farewell」

この歌のなかで「死ぬときは地獄に行きたいな♪」と明るく歌いながら、「グッバイ」のところで手をバイバイするモリッシーを見ると、というか、今この歌詞をタイプしているだけで泣いてしまう。かなりの重症患者だが、頬を伝わる涙に、「ああ、まだ生きているな」と思う。まだ間に合う。ぎゅっとつかめば、彼がいる。無駄にはできないけれど、時間はある。間に合ううちにアクションする、そのための人生だとモリッシーは教えてくれている。そして、今君が「アクション」すべきことは何なのかと、ひとりひとりに問いかけている。

モリッシーがキャンセルした主なライブとその理由

年	ツアー名	キャンセル・中断内容	理由・その後
1991年	**Kill Uncle ツアー** （日本・オセアニア）	シドニー、メルボルン、アデレイド、パース公演が中止	ウィルス性感冒と併発した副鼻腔炎のため。4日間ホテルに籠りきり
1992年	**Your Arsenal ツアー** （ヨーロッパ）	「グラストンベリー・フェスティバル」出演中止、ロンドン公演中止	
1995年	**Outsideツアー** （デヴィッド・ボウイのツアー・サポート）	アバディーン、グラスゴー、シェフィールド、マンチェスター、ニューカッスルの他、ヨーロッパでの数公演も中止	ツアー離脱2週間後に単独来日公演を行った。この時はSouthpaw Grammarツアー
1997年	**Maladjusted ツアー**	シカゴ公演はセット短縮、その次のミネアポリス公演は中止	ツアー開始2週間でインフルエンザに
2004年	**You Are The Quarryツアー**	スペイン「ベニカシム・フェスティバル」出演中止。7月と8月には「ロラパルーザ・フェスティバル」出演中止。同じく7月日本の 「フジ・ロック・フェスティバル'04」のトリ出演中止	ロラパルーザはチケット売行不振のため中止。フジロックは2週間前にドタキャン。「These Charming Men」というスミスのコピーバンドが出演

2007年	**You Are The Quarryツアー**（南米・アメリカ）	9月18日、LAラジオ局KROQ開催のフェスティバル出演中止。9月19日、サンフランシスコ「ナウ・アンド・ゼン・フェスティバル」出演中止。10月末、テキサス州ヒューストンとオースティン公演中止	
	Greatest HItsツアー（北米2回目）	6公演中止。ボストン、フィラデルフィア、アトランティックシティー公演のみ振替公演	喉の感染症
	Greatest HItsツアー（北米3回目）	ハリウッド・パラディアム公演2日目と3日目中止	会場内水道管破裂のため
2008年	**Greatest HItsツアー**（イギリス、フランス）	1月26日、ロンドン・ラウンドハウス連続6公演の4日目、4曲演奏しライブ中断、中止。その後の2公演も中止	
2009年	**Tour Of Refusalツアー**（アメリカ）	フロリダ4公演中止。フロリダ・マートルビーチ公演では喉の不調のためセット短縮。その後の2公演も中止。さらにツアー最終日も中止	喉の不調
	コーチェラ・フェスティバル（カリフォルニア）	4月17日、ステージ一時退場	肉の焼けるにおいで気持ち悪くなったため

	Swordsツアー（ヨーロッパ）Tour Of Refusal（イギリス、アイルランド）で中止になった公演を改めて	10月24日、2公演目のスウィンドンでは1曲目を歌った直後にステージで倒れライブ中断、中止。2日後のボーンマス公演も中止	呼吸器の疾患のため病院搬送
2012年	**ワールド・ツアー**（アメリカ）	10月23日、アメリカでは26公演を翌年に順延	母親入院のためイギリスに帰国
2013年	**ワールド・ツアー**（アメリカ、メキシコ）	前年延期分の公演含め、1月24日のミシガン・フリントからサンフランシスコまで、全46公演中止または延期	1月にホテルで意識を失い、4週間点滴生活。病名は、膀胱感染症、震盪と潰瘍性出血、逆流性食道炎。2月末に一度復帰するも、3月に両肺炎判明によりドクター・ストップ
	ワールド・ツアー（南米）	7月9日、チリ・リマからはじまる南米ツアー14公演中止	チリのレストランで食中毒になりイギリスに帰国。また、公演資金不足のため
2014年	**World Peace Is None Of Your Business ツアー**	5月7日、カリフォルニア公演でステージに上がったファンに抱きつかれてモリッシー転倒、中断。6月4日、アトランタ公演よりアメリカツアー中13公演中止	呼吸器の感染症。前座のクリスティーン・ヤングにうつされたと主張。高熱にうなされ入院、せん妄状態に

2016年	**World Peace Is None Of Your Business ツアー**	10月1日、横浜公演中止	プロモーターの用意した会場が小さすぎて機材など搬入不可能だったため
		11月14日、コロラドからはじまるアメリカツアー14公演中止	バンドのキーボーディスト、グスタヴォ・マンズールが倒れたため。また、その後、マネージメントが財政的支援を打ち切ったため
2017年	**World Peace Is None Of Your Business ツアー**	7月4日、その後計画していたイタリアツアーを白紙に	ローマで警官に銃を取り出されて怒鳴られたため
	Low In High Schoolツアー	11月5日、カリフォルニア公演中止	会場のステージ上の暖房設備が機能せず、寒かったため
		12月10日、LAラジオ局KROQ主催「Almost Acoustic Christmas 2017」出演中止	「ツアーメンバーの病気のため」と発表

8時間目「社会」世界は、自分で変える

モリッシーの「怒り」ソング3選

♫ **America Is Not The World**（『You Are The Quarry』）

♫ **World Peace Is None Of Your Business**
（『World Peace Is None Of Your Business』）

♫ **All the Young People Must Fall in Love**（『Low In High School』）

怒りの対象は「人でなし」

モリッシーはよく怒る。「気難しい」、「極端」とされ、その発言はメディアに報じ立てられ、お約束のように世間からバッシングされる。

2017年7月の『Guardian』は「『チャーミング』から『気難しや』（"cranky"）になったのはいつ？　あまりにも愛しづらい中年モリッシー」というタイトルで、「発言がひどすぎるモリッシーは、もう歌手として潮時!?」的な、意地悪な内容の記事を掲載した。他のイギリスのメディアでも同じような記事を見た。「嫌モリッシー論はおいしい＝読まれる」からだろう。その記事のインタビューで、音楽ジャーナリストのサイモン・ゴダードはこう答えていた。

「モリッシーはプロ労働者階級、反エリート、反組織。これには、すべての政党、議会、すべての公立学校、オックスブリッジ、カトリック教会、君主制、EU、BBC、新聞、音楽系メディアが含まれる。彼の発言は政治上の議題と一貫していないため、特に左翼を混乱させる」

（2017年7月23日『Guardian』）

そう、彼はいかなる組織的なものに巻かれず、主張は「政治上の議題」に迎合も一貫もさせないため、既存の派閥や翼、そもそも「一般常識」に一致し得ない。一見モリッシーの歌や言動は、ストレートでとてもわかりやすい。しかし、世間の「一般常識」をとっぱらってぶちかますので、受け取る側の立場によってあらゆる解釈をされがちで、混乱を生じやすいのではないか。

彼の怒りの基準とは世間一般の派閥や思想ではなく、その対象が「人でなし」かどうかである。モリッシーは頻繁に、国家や政治的権力者を「人でなし」認定し、容赦ない罵詈雑言を浴びせる。2013年4月8日、天敵マーガレット・サッチャー元英首相が逝去した。モリッシーは1988年のファースト・ソロアルバム『Viva Hate』に、「Margaret On The Guillotine」という歌を収録した。この歌はスミス時代に作り温めていた呪いソングだ。「いつになったら死ぬの？　いつになったら死ぬの？」という彼の切なる願いは、25年の時を経てやっと叶ったのである。

サッチャー逝去翌日、ファン・サイト『True To You』でモリッシーは、「サッチャーは強い指導者でも、愛されるべき指導者でもなかった」「イギリスの大半の勤労層はすでにサッチャーのことなど忘れてしまっているし、アルゼンチンの人々は祝杯を上げる」と、容赦ない「お悔み」コメントを発表した。モリッシーには「死んだから許してあげる」ということはないのである。まさに『Viva Hate』、ここぞとばかりに憎しみ祭りを繰り広げた。こんな時「詩人」モリッシーは、さすが他の人では思いもつかないワードセンスで、ショッキングなまでの罵詈雑言と持論に裏打

政治家・王室に対する罵詈雑言一覧

対象：マーガレット・サッチャー元英首相

2004年8月13日／『The Daily Beast』

「鉄？ いや違う。野蛮？ そうだ」「サッチャーとは歩く恐怖であり、人間性のかけらも持っていなかった」

2013年4月9日／ファンサイト『True To You』

サッチャー逝去に際して――「サッチャーは強い指導者でも、愛されるべき指導者でもなかった。サッチャーは人々について、糞とも思っていない」

対象：イギリス王室

2016年8月3日／「news.com.au」

「私は誰ひとり『おでき一家』（Royal FamilyをBoil Familyと揶揄）のことを好きな人を知らない。君主制は、不平等で不公平な社会制度を意味する。「ロイヤルな人」なんてものは存在しない」

対象：エリザベス女王

2012年8月20日／『Hot Press』

「英国女王は世界で一番金持ちな女だ。それなのに、毎年英国の労働者たちから2億ポンドもの金をもぎとって我が物にしている」

対象：アン王女

2012年8月20日／『Hot Press』

「馬を食べたりアナグマをガス中毒死させて毛皮をとることを提唱しているような連中、アン王女みたいな。なんであの女は自分で毒ガスをくらわないんだろうね？ そうすれば英国の田舎にももう少しスペースができるのにね」

対象：ケイト&ウィリアム夫妻

2012年12月11日／ニュージーランド『3 News』

ケイト妃が入院していた病院の看護師の自殺を受けて——**「彼女はこの女性が亡くなったことに対して、なんら残念に思っていない。この気の毒な女性の死に何もコメントをしていないじゃないか。まったく英国王室の傲慢さには言葉を失う」**

2014年11月29日／ロンドンのライブで

ふたりの写真をスクリーンに映し——**「ユナイテッドキングダメのろま」**（“United King Dumb”）

対象：トニー・ブレア元英首相

2016年8月3日／「news.com.au」

「ほとんどの英国の首相は、首相官邸を出て3日後には忘れられてしまうんだが、トニー・ブレアだけは例外だった。皆彼が、非人道の罪で裁判にかけられるのを見たがってたから」

対象：デヴィッド・キャメロン元英首相

2010年12月4日／ファンサイト『True To You』

「キャメロンがザ・スミスを好きなことを禁ずる」と言ったジョニー・マーを擁護して――**「このデヴィッド・キャメロンという輩は鹿や動物を狩っては殺し撃っては殺し、それが楽しいと公言している人物。『Meat Is Murder』や『The Queen Is Dead』はそういう奴が聴くものとしてレコーディングされたものではない。むしろ、そうした形での暴力への反発として生まれた曲だったのだから」**

2011年4月20日／BBC Radio 4『Front Row』

キャメロンがモリッシーの楽屋を訪ねたとしたら――**「きっとドアを開けないだろう。これはモラルの問題でもあるからだ。牡鹿を平気で殺すということは子どもを殺すのに等しい。そこにどんな違いがある？」**

対象：テリーザ・メイ英首相

2016年5月23日／フェイスブックにて

マンチェスターで起きたテロに関して――**「テリーザ・メイはこのような襲撃が『私たちを崩壊させせることはない』と語った。しかし、彼女自身の生活は防弾されたバブルのなかで営まれ、今日、マンチェスターの死体安置所で若い人々の身元を確認することもないのは明白だ」**

対象：バラク・オバマ米元大統領

2015年8月26日／『The Daily Beast』

「結局、オバマ米大統領は、アフリカ系アメリカ人のことをちゃんと理解していないってことだ。彼自身、黒人にしては、限りなく軟弱で白人に近い存在なんだ。彼がもっと強烈に黒人らしい態度だったら、果たして大統領になれていたかどうかは疑問」

対象：ドナルド・トランプ米大統領

2017年5月20日／『Daily Mail』

「最後に私が泣いたのは、トランプ苦境大統領（「President Trump」を「Predicament（苦境）Trump」と表現）の選挙でだ。彼は大人のふりをした子どもじゃないか？ 私は彼の砂糖で継ぎ足した歯と、ケリーアン・コンウェイ（トランプの大統領顧問・カウンセラー）のずるい笑いが許せない」

ちされた極論を展開する。そして往々にして、そのショッキングな部分だけが切り取られ、ひとり歩きする。なぜならば「面白い」からだ。案の定この発言も、メディアはすぐさま、飛びつくように取り上げた。見出しはこうだ。

「サッチャーは『野蛮』で『恐怖』、モリッシー語る」（『The Telegraph』）
「モリッシーはいまだサッチャーをギロチンにかけたがっている」（『Independent』）
「モリッシーはいまだサッチャーの超ファンではなかった」（『The Guardian』）

音楽雑誌でもゴシップ誌でもタブロイド紙でもなく、一流紙が歌手のメッセージをこぞって取り上げ、それぞれがこんな面白見出しをつけているのである。読者の共感や反感を煽りやすく、「いくらなんでもひどい！　言いすぎ！」、「またあの変人がヘンなこと言ってるよ！」、「モリッシーって残念！」とネタになりやすく、お約束のように「バズる」ので、大元のメディアは情報サイトや音楽サイト、ＳＮＳにリンクづけられて二次的三次的にも話題になりページ・ビューも稼げ……言ってみれば、「金になる」のである。

モリッシーは自分の発言や真意をねじまげ、煽動的に報道するメディアへの怒りも常に露わにしている。前述の２０１７年11月20日のドイツの雑誌『Der Spiegel』のインタビュー事件（映画プロデューサーのハーヴェイ・ワインスタインや俳優ケヴィン・スペイシー「擁護」疑惑）を受け、同月25日のシカゴのライブで「二度と活字媒体のインタビューは受けない」と宣言した。メディアの偏向報道に、とうとう堪忍袋の緒が切れた感がある。自分の意見を正しく伝えるためには、自身が運営するWEBサイトを持つことの必要性を感じたのか、その後2018年3月28日に『MORRISSEY CENTRAL』というサイトをオープン。同年4月16日、自ら自身のインタビュー記事を掲載した。

彼の「人種差別主義者」という汚名を晴らす意味もあっての試みだというのに、またもや各メディアは、発言中の「ハラル」、「ISIS」、「(パキスタン系であるロンドン市長の）サディク・カーン」、「右翼・左翼」、「ヒトラー」、「ブレグジット」など、センセーショナルな単語を抽出。そうして作った見出しで、その内容を一斉に報じた。記事内では発言の一部をクローズアップして、あたかもモリッシーがある人種やある宗教思想のヘイト発言をしているかのように匂わせている。案の定、そんな報道を受けてSNSではお約束の炎上騒ぎになり、イギリスのツイッターでは〝Morrissey〟という単語がトレンドにランクインしていた。「差別主義者！」、「右翼！」、「自作自演！」と非難されまくっているのを見て「またか……」と思った。このインタビューでモリッシーは皮肉や嫌味な物言いをしているのはたしかだ。しかし動物愛護主義者の立場に立ったいつもの調子で持論を展開しており、差別主義者の立場で発言はしていない。インタビュー中の彼の言葉を借りれば、「私は何も挑発的なことを言っていない。単なる事実だ」、それに尽きる。それでもメディアは容赦なく、彼の発言を扇情的に切り取る。そもそも自分のサイトで何を言っても自由なはずなのに、どこまでもメディアは追いかけてきて燃えネタを集めに来る。

その4日後には、自身の「Irish Blood, English Heart」の歌詞を引用して、「イングランドが労働党や保守党にうんざりする日を夢見ている」というタイトルで、はっきりと「人種差別を軽蔑する」とコメントを出した。イスラム教徒の友人もいるし、彼らのためならなんでもするとも述べた。ここまでは良かったのだが、新たなメッセージのなかで、イギリスの極右政党とされるフォー・ブリテン党への支持を表明した。これを知るや否やまたメディアは鬼の首をとったように「モリッシー極右政党支持!」と書き立てた。ここでもモリッシーは、「極右思想だから」フォー・ブリテン党が良いとは言っていない。労働党にも保守党にも絶望し、二党制の無意味さを、フォー・ブリテン党支持という形で訴えているのに、メディアにも人々にも、あまり伝わらない。

彼は、そんなメディアに怒りつつも、自分の発言の影響力も重々自覚していると思う。自分の発言が取り上げられやすいことも見越しており、誤解やバッシングも承知の上だ。美辞麗句を並べ立てたりはしない。誰の検閲も受けない自分の言葉を発し続けるだけだ。捨て身の「炎上パフォーマンス」と言ってもいい。ただその目的は、通常の炎上マーケティングで狙われるような売名でも売上アップでもない。むしろ、「モリッシーひどい」とわりを食うのはモリッシーのほうだ。

「モリッシー、極右確定！」とバッシングされまくったフォー・ブリテン党支持メッセージの同日には、同じく自身のサイトに、アメリカの作家でありフェミニストのオードリー・ロードの写真と言葉を引用掲載していた。

「ものを言う時、怖くなる。私たちの言葉は聴かれもせず、また受け容れられもしないのではないかと。しかし沈黙していても、やはりそれは、怖がっているということだ。それなら、声は上げたほうがいい」

（Audre Lorde『The Black Unicorn』）

これを見た時、彼はこれからも絶対にひるまない、黙らないのだろうと安心した。狙いは、問題視している「人でなし」ネタを「テーブルに載せる」、「人目に晒す」ことだからである。彼が何よりも忌み嫌うのは「看過する」ことだ。人々が「人でなし」や様々な問題に気づかないふりをしていれば、見過ごせば、先送りにしていれば穏便に済み、世界が一見「平和」に保たれるのに、モリッシーはその膿をほじくり出してぶちまける。人に眉をひそめられようとも、人々の注意を引き、スルーを阻み、ハリボテの平和世界にメスを入れることこそ自分の使命と言わんばかりだ。自分のメリットにもならないことをあえて行うことを意味する「火中の栗を拾う」ということわざがあるが、彼の場合は自ら「火中にさらに栗をぶちまけて拾う」ようにも思える。自分のメリットなんて皆無なのに、絶対にやめない。

例えば2017年5月、マンチェスター・アリーナでのアリアナ・グランデのライブ中の爆弾テロについて。22名が亡くなり、59名が負傷するという大惨事で数々の著名人が追悼の意を表明した。事件当日の5月22日に58歳の誕生日を迎えたモリッシーもフェイスブックで、

「マンチェスターで誕生日を祝っている時に、マンチェスター・アリーナが爆破されたというニュースを聞いた。その怒りは途轍もない。こうしたことを止めるにはどうすればいいのだろう?」

(2017年5月23日 Facebook「Morrissey Official」)

と、メッセージを寄せた。こちらもここまでは、ちゃんと普通の追悼文だ。ここで終わらせればいいものを、さらに栗をぶちまけるのがモリッシー・クオリティー。彼が「人でなし」認定したイギリスのテリーザ・メイ首相、ロンドン市長、マンチェスター市長、そしてエリザベス女王批判にまで展開させた。もちろんそれには、「この大惨事を持論展開に使ってけしからん!」、「自分の故郷でこんなことが起こって悲しくないの!?」、「テロリスト擁護!?」と数々の批判・誤解を受けることになった。ここで普通に考えて、いちばんの「人でなし」は「テロリスト」だ。テロリストに彼が怒っていないわけがないし、大惨事が悲しくないわけでもない。しかし、テロのよ

うな理不尽がこの世で起こるのは当然という大前提のもと、それならどう対処すべきか、その対処は権力者によってきちんとなされているのか？　という次元の違う問題をテーブルに載せているのだと思う。メッセージの中でいちばん言いたいことはこれだろう。

「政治家は恐れてないと言うけれど、彼らは犠牲者になることがないわけだ。銃弾が飛び交う場所から守られている人間が恐れてないと言うのがどれだけ簡単か。一般の人々は守られてはいないわけだから」

（2017年5月23日　Facebook「Morrissey Official」）

安全な場所から権力者たちが何を言っても白々しい、今や世界中安全じゃないことにもっと括目せよ！　という怒りなのだ。モリッシーは安全じゃない場所に生きる一般の人々に寄り添って怒っているのに、なかなか伝わらず誤解されてしまう。それでも怒ることはやめないだろうが。

誤解され続ける理由

モリッシーはせっかく「人でなし」に対して怒っているのに、あたかも「お前こそ人でなしだ！」という批判を食らってしまう。発言の「極端さ」もあるし、また彼の発言や歌詞の「どうとでもとられやすさ」の影響もあるのではないだろうか。

1992年のアルバム『Your Arsenal』収録の「The National Front Disco」では不穏なイギリスの現在に弱者として生きるということの1シーンとして、閉塞感からナショナル・フロントに走る青年について客観的に描いた。そこで青年のどうしようもない心の声を代弁的に、「イギリスはイギリス人のもの」（〝England for English〟）と歌ったら、「モリッシー＝ガチ右翼説」が引き起こされ、バッシングの嵐が起きることとなった。

この歌を全部聴けば、モリッシーが「極右に走ることが最善の解決策」だなんて思っていないことは明らかだと、日本人の私でも思うのだが。私の知っているイギリス人は皆、皮肉やブラック・ジョーク、言葉遊びが好きだったので、はなはだ不思議だ。イギリスのコメディでも、日本のお笑いではあり得ないほど、見ていて引くくらい「冗談きっつ！」みたいなものもあるではないか。しかしヘイト発言は叩きやすく、人々にとって「乗る」ことが正当化しやすいのか、極端な思想発言嫌疑は、ここぞとばかりにボコボコに叩かれることになる。2007年11月の『NME』に掲載された、人種差別的に書かれた移民への意見や、昨今の発言内容もあり、モリッシーはいまだに「極右」だと思われることが多い。

しかし、モリッシーは詩作において、ただ「情景」を切り取っているのだ。「歌詞はすべて自分が体験したことを書いている」と詩作に関して語ってはいたが、自分がナショナル・フロント・

ディスコに行ったのでも、スキンヘッドの仲間たちとナチ・パンクで踊ってきたのでもない。切り取った情景の中に生きる人々に思いを馳せる。そもそも詩を書くとは、そういうことではないか。かつてボブ・ディランは、

「私にとっては右派も左派もない。あるのは真実か真実でないかということだけ」

（『ボブ・ディラン 全年代インタビュー集 完全保存版』）

と語ったが、モリッシーの立場も同じなのではないか。モリッシーは自分を「リアリスト」と定義し、また別の時は「エンターテイナメントというのは現実を説明すべきものであって、現実から逃げるべきものでない」と語っていた。ここではイギリスが直面している現実を、詩作で真っ向から表現しているのだ。だからこの歌を聴いた人から「モリッシー右翼！」と決めつけられるのには異論があるに違いないが、最初から「極右ダメ！」などと直接的なお説教ソングを歌うつもりもないわけだし、いちいち自分の歌や主張の前に「言っときますけど、それは誤解で、本当は〇〇です」、「この物語はフィクションです」などとつけたくもないだろうし、曲解されるのも仕方がないとも言える。本人も想定内だろうし、誤解を気にしていたら歌なんて歌えない。

ブレイディみかこ氏も著書『いまモリッシーを聴くということ』のなかで、２００４年のアル

バム『You Are The Quarry』収録の「Irish Blood, English Heart」を例にとって、モリッシーの歌詞の本人の意図を超えた「どうとでもとられやすさ」を指摘していた。２０１６年、「ブレグジット」がイギリスで盛りあがってきた頃この歌に関するYou Tubeのコメントで、EU離脱派から「アンオフィシャルなブレグジットのテーマ」と認識され、残留派から「クソ左翼のバカな見解」とされているという、まさに正反対の解釈を目にしたそうだ。モリッシーの歌はそんな混乱を起こしやすい、しかしこの両者が混乱をしているわけではない。モリッシーが別にどちらの「側」にも加担していないから起こる現象とも言える。

「左と右、上と下、グローバリズムとナショナリズム。いろんな軸が交錯し、いったい誰がどっち側の人間なのやら、従来の政治理念の枠では語りづらくなってきたイギリスのカオスを、モリッシーは12年前にすでに予告していた」

（ブレイディみかこ『いまモリッシーを聴くということ』）

と、ブレイディ氏は書いており、ああ、その通りだと思った。そしてカオスはイギリスのみではない。グローバリズムが進む現代社会においては、従来の枠組みでの語りづらさまで、ワールドワイドに及んでいる。従来の枠組みはもう意味がない、自分が自分を守らないと立ち行かないという示威行動なのではないかと感じる。改めてこの「Irish Blood, English Heart」を聴き返してみて、まさに噛みしめるのは冒頭の部分だ。

「アイルランドの血、イギリスの心／それが私の成り立ち／この世の中に恐れる者は誰もいない／そしてどんな体制も私を売買できない」

——「Irish Blood, English Heart」

自分にあるのは生身の体と血と心、裸一貫ひとりで戦う、どんな権力にもまかれないし、体制にもつかないという、モリッシーの宣戦布告に聞こえる。この歌からは右も左も、どんな枠も感じられない。この歌詞をライブで歌う時、モリッシーは心臓のあたりに手をあてている。ただ熱い血液が流れ、強く鼓動を刻むひとりの人間が、どんな国家の重圧や世間の罵りにも屈せず、縛りも恐れず「生きてやる」という、生命力の強さと魂の自由さを、感じる。

人間なんて同じ

そもそもモリッシーがどんな体制にもつかないというのは、彼の心情的に、どんな立場にいようと、どの国にいようと、「人間なんて同じ」というものがあるからではないか。２０１１年から歌われ、いまだアルバムには未収録の「People Are The Same Everywhere」ではこう歌っている。

「僕はさておき／人間なんてどこでも同じってわかってよ／そのグループから抜けさせてよ／そして人でなしはどこでも同じ」

——「People Are The Same Everywhere」

人間なんてどこでも同じ。派閥や思想、主義主張がそんなに意味を持っておらず、もしセグメントがあるとしたら「人でなし」か「人でなしじゃない」かだけ。そんな悟りのような前提の元、モリッシーが希望を抱くポジサイドは「人でなし」じゃない人々が自分の歌を必要としてくれているということだ。この歌を歌うのは、「どこでも同じだし、夢も希望もあったもんじゃない、しょうがないと諦めず、それでも人間の力を信じて欲しい」という気持ちからだ。そう、モリッシーがポジティブでいるため、恃みにしているのはその「人間の力」に他ならない。

２０１１年11月、ロス・アンジェルスのライブで、この歌を紹介しながらモリッシーはファンにこう語りかけた。

「エジプトとシリアが世界の先頭に立って影響力を持っているというのは私にとって興味深いことだ。君たちは気づいていないかもしれない、でも人々には、世界を変える力があるんだ」

（２０１１年11月26日　アメリカ・ロス・アンジェルスのライブにて）

これは、当時アラブ世界で起きていた「アラブの春」のことを言っている。政治や権力ではない、世界を変えるのは人間なのだという励ましに聞こえる。人間の力の集結、その象徴である「アラブの春」はモリッシーにとって重要な出来事であり、２０１７年発売の『Low In High School』の、より「社会派サイド」とも言えるB面の幕開けの曲「In Your Lap」でも歌われている。

「アラブの春は、我々すべての人々を勝たせ／独裁者たちを失墜させた／銃声が聞こえ全能なるものは砕け散った／そして僕はただあなたの膝に顔をうずめたい」

――「In Your Lap」

静かなピアノ曲でこの短い歌が終わると、夫にも、独裁者にも、専制君主にも、王にも跪かないテルアビブ出身の少女、恋に落ちるべき若者、テルアビブのクラブ、腐敗警察、イスラエルの情景を切り取った歌が続く。そこで歌われているのは、気休めではなく、リアルな世界の姿、そこにいる人々の姿、「私たち」の姿だ。２０１６年、オーストラリアのメディアにブレグジットを含む近年の政情について聞かれると、イギリスの政治もアメリカの政治も今がいちばん絶望的だと答え、

「政治家は変わらないし、変われない。一方で市民は変わり続けている」

（２０１６年８月３日『news.com.au』）

という希望を語っていた。モリッシーはポジティブな前提で、今ある絶望の物語を紡ぎ続けている。「向き合っても変わらないこともある。だが向き合わずに変えることはできない」と言っていたのはジェームズ・ボールドウィンだが、モリッシーの根本にあるのも同じ期待だ。

同じ頃、イスラエルのニュースサイトのインタビュー（２０１６年8月11日『Walla』）で、「メディアはブレグジットに投票した人々をひどく扱っている」と語っただけで、「やっぱり離脱擁護派だ！」、「ほらレイシストだ！」とバッシングされていた。ここでモリッシーが問題にしているのは、離脱という決定が体制側に沿うものじゃないからと言って、ＢＢＣをはじめメディアが、離脱に投票した人々を、「無責任な酒飲みの人種差別主義者」と非難しているようなもので、その人たちが「なぜ投票するに至ったか」という視点での報道がなされていないことに怒っていたのだ。ここでも、「離脱か残留か」という二元論ではなく、その結果に導いた人々の気持ちと、彼らが内包している力に注目していたのだ。

「ひとりひとりの人々の気持ち」、それこそがモリッシーが常に見ているものだ。『American

Songwriter』のインタビューなどでも語っていたが、彼はメディアが一般の「人々」のことを「抗議者」、「反逆者」、「扇動家」と報じるのを嫌っている。「人々がデモを行いました」というのを、「抗議者がデモを行いました」と主語置き換えで報じるのはメディアの操作であって、伝わってくるニュアンスが違うというのだ。「抗議者」とくくることで軽蔑を含むような、見くびっているような意味を含んでいると感じると言っている。

たしかに「警察がデモ隊を撃ちました」というのと「警察が○○の××さんを殺しました」というのとでは、言葉の響きがまったく変わってくる。世界中のどんな行動も、起こしているのは市井の、生活や家族や友人を持つ「人々」だ。残虐や理不尽な目に見舞われているのも「人々」。韓国の1980年の民衆の反政府蜂起、光州事件を題材にした『タクシー運転手～約束は海を越えて』（2017年）という韓国映画のなかで、政府の軍隊に撃たれ倒れていく人々の姿を観た時、モリッシーのその言葉を思い出した。主人公のタクシー運転手は、軍・警察と対峙する市民のデモ隊に飛び込んで行こうとする若者を「危険だ！　お前が行っても何も変わらない」と止める。「でも行かないわけにはいかない！」と若者は飛び込んで行く。彼だけではない、家族を持ち、ささやかでも大切な生活を守っている普通の人々が「変えたい」という思いで立ち向かっていく。戦っているのはまさしく「デモ隊」というひと塊ではなく、ただ人間として幸せを求めている、ひとりひとりだった。モリッシーの言う通りだと思った。

スミス時代から見つめ、彼がずっと歌ってきたのは、そんな「人々」の置かれた情景であり、ひとつひとつの気持ちだ。その視点をモリッシーは絶対に失くさない。

歌で人々に託すもの

モリッシーは2017年3月、『Dallas Observer』のインタビューで、「政治における音楽の役割」を問われ、「差し迫っていて、欠かせないものである」と断言していた。しかし、多くのアーティストは自分の主張の反対層に嫌われセールスを減らす恐れがあるから、政治には触れないと語った。しかしそんなことはモリッシーには関係ない。「声を上げること」しか救済の道はなく、それなら自分は歌い続けるしかない。彼の幻の名曲のひとつに、2004年12月17日、BBC2のラジオ番組のためにスタジオ録音されたものの、その後、アルバム収録されていない「Noise Is The Best Revenge」という曲がある。黙っていないで「ノイズ」を出し続けることこそが、世の理不尽に対するいちばんの復讐なのだ。この曲はYou Tubeでも聞けるが、ファンが2013年のブラジル抗議運動の画像を編集したビデオを作っていて、モリッシーも好きそうだ。「人間の力」が感じられる。

『Low In High School』リリース直前、『Billboard』のインタビューで、前作『World Peace Is

『None Of Your Business』のように、このアルバムの多くは直接的に政治を歌い、石油のための流血や警察の残虐行為について言及しており、80年代よりも自身の詩が明らかに政治的になった理由を問われ、

「人々は支配者たちにうんざりしており、私はそんな世界の一部だ。小さな子どもは大きくなって大統領になることをもう望んでいないし、世界はもうすぐ有効期限ギレだという感覚がある。もしどんなものであれ自分の気持ちや意見を持っていれば、それに背を向ける必要はない。それこそ明日の希望だ」

（2017年11月14日『Billboard』）

と語っていた。この人は、本当に数年前に死の陰の谷を歩いた人だろうか？　年々胸筋と体幹が鍛えられ、生きる力も歌う力も増強してきているように思える。

2017年12月の『Rolling Stone』のインタビューでは、世界の絶望に心を押し潰されている若者たちを心配し、気持ちをかき立てられている。その若者たちに「世界は変えられる」、「君たちひとりひとりの力にかかっている」と言いたくて、自分自身をメディアにしてメッセージを投げかけ続けているのだ。彼は、自分を鼓舞しているのは、自分のライブでステージを見つめる若者だと言っている。前出の『American Songwriter』でも、中央アメリカ、南アメリカ、東欧で

は、オーディエンスはとても若く、そのことにはとても大きな意味があると語った。ステージから自分を見つめる若い瞳を見るたび、「どげんかせんといかん」という思いが湧きあがるのだろう。この地球に生きる次世代に思いを託す壮大な親心のようなものを感じる。

また同インタビューで、彼の歌は「権力には皮肉な視点を持ち、毎日の日常を暮らす人々にはロマンティックな視点を持っている」と言われると、自分の歌には「自分がどう世界を見ているか」反映していると答えている。「社会的正義に関心があり、どんな形の野蛮も軽蔑している」と語る彼こそがまるで「新しいメディア」のように感じられた。彼の視点でセレクトした世の中の問題を、ＹｏｕＴｕｂｅで紹介するチャンネルを作ってはどうか。全世界に流れ、何よりもオーディエンス＝人々の立場に立っている生中継の「モリ怒（おこ）ＴＶ」は、「ヒカキンＴＶ」より多くの登録者を得るはずだ……と、ふざけたことを一瞬思ったくらいだが、そんなチャンネルを持たなくても、彼には歌があるのである。だから「リアルタイム・アーティスト」として歌い続けるのだ。そしてライブも重要なメッセージ・チャンネルだ。ステージのスクリーンで、「Meat Is Murder」では肉食糾弾の、「Ganglord」、「Who Will Protect Us From The Police」では警察の横暴を暴く映像を流す。バンドメンバーのＴシャツでも糾弾するし、ジャケットの襟にはメッセージ・ステッカーや缶バッジを貼りまくる。それをファンは写真や動画に撮りほぼリアルタイムで世界中に発信する。ライブ全体が彼の「メディア」なのだ。

２０１４年11月にギリシャのオンライン・マガジン『POPAGANDA』に対して答えたインタビューで、世界中で起こっていることをなんでも、瞬時にわかることができるようになった世の中について聞かれ、「今やどんなに多くの災難や苦難が公に知らされずに過去に起こっていたのか、ついに知ることができるようになった、政府が悪い行いをやり逃げしてきていたことを、ついに理解できるようになった」と語っていた。もう何が起きているかを知るのに、テレビのニュースに頼る必要はない。自分たち自身で見ることも記録することもできると、ソーシャル・メディアの出現を歓迎し、「自分の目で真実を知ること」ができる世の中の訪れを興奮気味に語っていた。前述の映画『タクシー運転手』で描かれていた韓国の光州事件も、軍事政権の隠ぺいによりその最中にはメディアで正しい報道はなされておらず、世界はおろか韓国人さえも全貌を知ることができなかった。映画を観ながら、「この時代にソーシャル・メディアさえあれば！」と思う場面がいくつもあった。

ＢＢＣもＣＮＮもＦＯＸも、もはやプロパガンダの垂れ流し逃げはできない、シリアやウクライナの人々は、ＣＮＮが報道内容を判断するずっと前に、その場で瞬時に出来事を撮影できる。そして、

「世界を貫く不幸と憎しみは元々あったもので、まったく新しいものではない。しかしつい

に我々は、政府の介入なしに自分たち自身で出来事を目の当たりにすることができるようになった、それこそが新しいことだ」

（２０１４年11月16日『POPAGANDA』）

と、モリッシーは喜んでいる。世界を貫く不幸と憎しみに「括目させる」ことを目的として長年怒り続けてきた彼に、ついに味方が現れたのだ。今までそんな世界中の真実をご都合主義で間引くような、それこそ「冷酷」をしてきたメディアが、モリッシーのことを「人でなし」とか「差別主義」だとか「昔は良かった」とディスり立て、瞬発的なセンセーショナリズムに仕立て上げているのは、もしかしたら自分たちの立場を「危ない」と思っての防御反応的ハラスメントなのかもしれない。

『Low In High School』から第1弾シングルとしてカットした「Spent The Day In Bed」は、ひと言でいって、自分を縛るものや既成概念を覆して「自分自身であれ」と歌っている。何かに躍らされたり煽動されたりすることなく、自分の世界を持って、自分の頭で考える、そうして自分の心を自分のところに回帰させようというものだ。この歌で彼は「ニュース」から離れることを勧めている。

「ニュースを見るのをやめることをお勧めする／なぜならニュースは君を怖がらせようとも

くろんでる／君を小さくてひとりぼっちのように感じさせるよう／君の心が自分のものじゃないように感じさせるようたくらんでる」

――「Spent The Day In Bed」

ある友人はこれを「メディアだけでなく、ＳＮＳでの間違った情報やあらゆる噂話も含むのではないか。いらない情報が多すぎる。たとえ情報弱者でも、自分の頭で本当に大切なことを判断できる『勘』は鍛えられる」と言っていて、その通りだと思った。モリッシーがまるで、お約束の「怒り芸」のように毒を吐き、スケープゴートのように叩かれ続けてもへこたれないのは、根底に「世界を変えられる」というポジティブな気持ち、そしてそれをできるのはひとりひとりの人間だという希望を持っているからだ。

もし怖くなんてなかったら

２０１８年のイギリスツアーの初日、スコットランドのライブで撮影された写真や動画を見た。ステージのバックに、

「もし怖くなんてなかったら、何をする？（"WHAT WOULD YOU DO IF YOU WEREN'T AFRAID?"）」

という文字が浮かび上がっていてハッとした。これは、世界銀行、マッキンゼー、グーグルでのキャリアを経て、現在フェイスブック社の最高執行責任者、シェリル・サンドバーグ氏が著書『LEAN IN（リーン・イン）女性、仕事、リーダーへの意欲』のなかで呼びかけていた言葉だ。フェイスブック社の壁にもこの問いかけが書いてあるそうだ。女性がビジネスの世界で成功するのは難しいが、それでも彼女は自分を、世界を変えてきた。本当にやりたいことがあるなら、恐怖を乗り越えて、やってみることが大切だというメッセージだ。

ビジネスの世界に限ったことではない、モリッシーが言いたいのもこの「やってみなはれ。俺はやるから」というメッセージだろう。このメッセージをバックに『Low In High School』収録の「Israel」を歌った。イスラエルという国への態度に関しても、モリッシーは批判を受けがちだ。彼はイスラエルに対し、タリブ・クウェリやシニード・オコナー、スティービー・ワンダーらが文化的ボイコット（イスラエルのガザ攻撃などに対する抗議運動）を進めたなかでも「リーダーの発言や行動のために、その国の人たちまでも罰することはない」と発言しており、イスラエルの旗をステージで振りながらテルアビブでコンサートを行った（2012年7月21日には名誉市民に選ばれている)。新譜には「The Girl From Tel-Aviv Who Wouldn't Kneel」という曲まであるし、他の歌にも「テルアビブ」や「アラブの春」という言葉が出てくる。とは言え、どの国を擁護することも、どっちにつくこともない。彼は、批判されても誤解されても「人でなし」権力者たちが牛耳る世界や国家に怒り、黙って屈せざるを得ないひとりひとりの人々に目を向けて、その人たちのことを歌う。

このライブのアンコールでステージに出てくると、モリッシーは早口で、

「年はとったかもしれない、でも決してひるまない」
(2018年2月16日　スコットランド・アバディーンのライブにて)

と言い捨てて、ファイティング・ポーズのようなかっこうをして、「Everyday Is Like Sunday」を歌いはじめた。一歩踏み出すのは怖い。出る杭になって打たれたくない。でも、もし君が怖くなんてなかったら、

「で、何がしたい?　君次第」——「All The Young People Must Fall In Love」

と、ステージの上から問うている。こちらに、ギリギリまで手を伸ばして。モリッシーは、きっと今日も元気に怒っている。怒りながら、伝え続けている。絶望に貫かれた世の中で、もう何も頼れない。政府や組織はうまく機能していない。結局ひとりひとりが、考えなくてはならない。本当に大切なことを、読み取らなくてはならない。自分を守るのは自分しかいない、ということを。

9時間目 「まとめ」

ユーモアを最大の武器に

モリッシーの「ポジティブ」ソング3選

♫ I Know It's Gonna Happen Someday（『Your Arsenal』）

♫ Do Your Best And Don't Worry（『Southpaw Grammar』）

♫ In The Future All Well（『The Ringleader Of The Tormentors』）

「ポジ」ベースのモリッシー・システム

本書では各章を通じて、モリッシーの一貫した主張とメッセージを読み解き、そこからどんなことが私たちの考え方や人生にも活かせるのかを見てきた。アイルランド移民の子としてマンチェスターに生まれ育った生い立ち、どん底の学校生活、どうしようもない人生への諦念。彼を作ってきた要素は、たしかに救いようがなくペシミスティックなものも多い。しかし「音楽」に出会い天職「歌手」となったことで、彼には自信とパワー、「屈しない」、「アクションする」という姿勢が備わった。そして自らの力で、救われない側の人から人を救える側の人、愛されない側の人から愛する側の人にまわった。

モリッシーはもちろん歌手であり、彼の歌が大好きでいつも聴いているが、それだけではない。その生い立ちから考え方、発言、行動、美意識までのすべてが興味の対象であり、多面体的に魅力を感じ目が離せない。心が常に「おっかけ」をしており、なんでもすぐに「こんなもんか」と見切りをつけがちな自分が、30年以上も飽きない。彼のことを知れば知るほどに救われている。それはなぜか。あまりに単純だが、楽しい、元気が出る、もっと生きようと思うからに尽きる。「元気が出る」、「もっと生きようと思う」とまで感じるのは、モリッシーという人物の根底に、ある種の「ポジティブ・シンキング」があるからだと思う。モリッシーがポジティブだというと「えっ!?　モリッシーと言えばネガティブの代名詞じゃないの!」、「あんなにいつも怒っているのに!?」、「ペシミストなんじゃないの?」と驚かれたこともある。しかし、前述の「屈しない」、「アクションする」に「ポジティブである」を加え、「モリッシー」の哲学を支える三姿勢としたい。

２０１５年9月9日の『東洋経済オンライン』に掲載された、コラムニストのサンドラ・ヘフェリン氏の「日本にも蔓延する『ポジティブ・シンキング』という病」という記事を読んだ。そのなかで、ドイツのガブリエル・エッティンゲン博士が、ポジティブ・シンキングとネガティブ・シンキングを融合した「メンタル・コントラスティング」（頭の中での対比）というものを提唱していると知った。自分の描いている夢をよい形で実現するには、夢を叶える過程で起こりうるさまざまな困難や壁を想像し、それらを乗り越える方法を考えることが必要だからこそ、「夢と現実を対比させることが大事」だと博士は説いている。まず希望が叶った場面をイメージしその後、その希望を達成する障害、つまり「希望が叶わない」可能性を想定する。その障害を乗り越えるには何をすべきかを考え、実行していくというわけだ。ネガティブに考えることはまったく悪ではない、むしろポジティブ・シンキングと合わせれば、最強の考え方になるというものだ。

私はこの記事を読んだ時、まさにこの「ポジティブ」と「ネガティブ」のコントラスト、その振れ幅を提示するのがモリッシーだと思った。自分の描いている夢をよい形で実現するため、夢

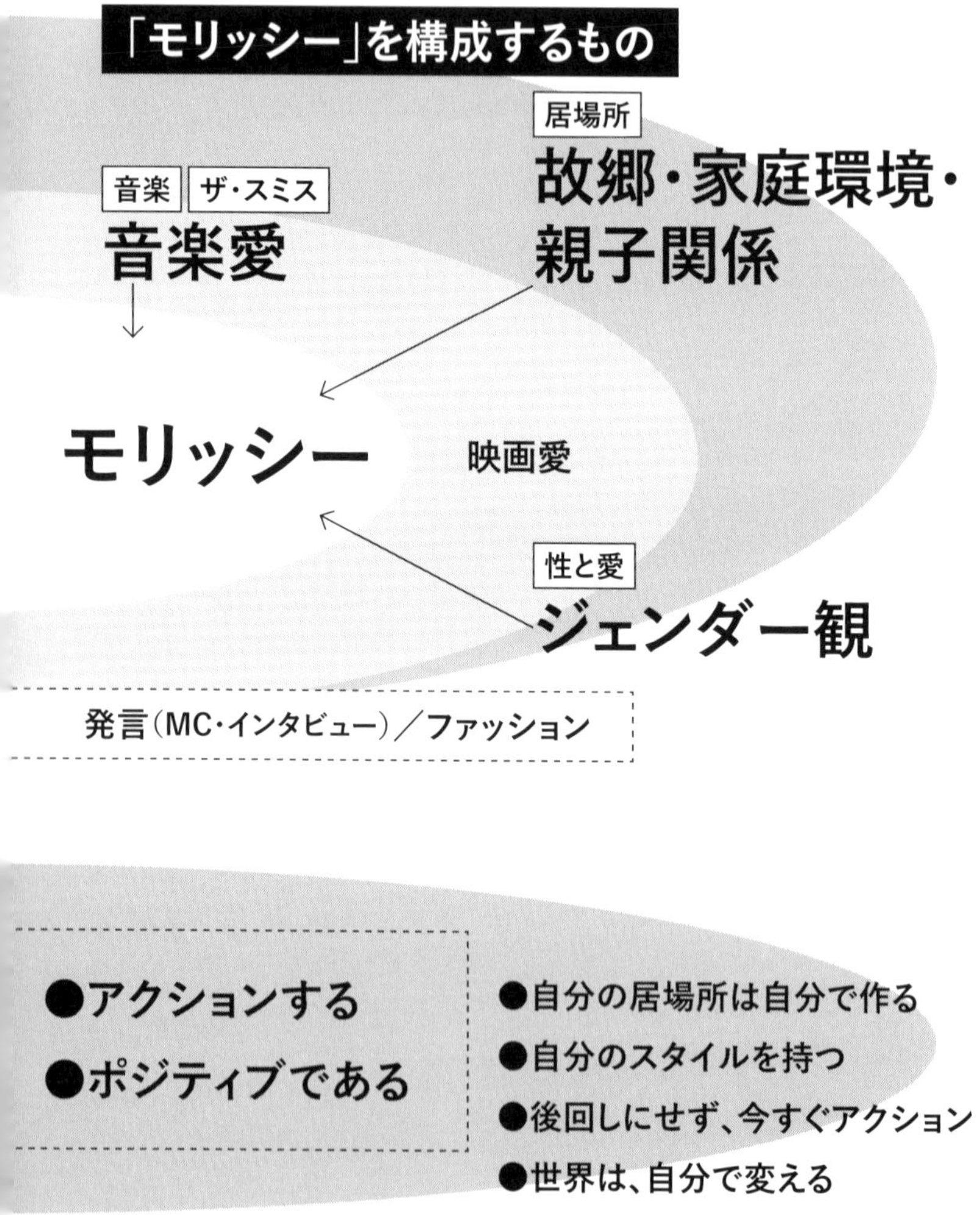
「モリッシー」を構成するもの
居場所
故郷・家庭環境・親子関係
音楽
ザ・スミス
音楽愛
モリッシー
映画愛
性と愛
ジェンダー観
発言（MC・インタビュー）／ファッション
●アクションする
●ポジティブである
●自分の居場所は自分で作る
●自分のスタイルを持つ
●後回しにせず、今すぐアクション
●世界は、自分で変える

モリッシーの哲学

社会
体制への批判
弱者へのまなざし—動物愛護
学校
権力への抵抗
文学愛
生と死
死生観
表現
音楽（スミス・ソロ活動）／アートワーク
「モリッシー」の哲学
●理不尽に屈しない
●自分の人生に確信を持つ
●今の自分で勝負する
●性差のしがらみを超える
モリッシー哲学を支える姿勢
●屈しない

を叶える過程で起こりうるさまざまな困難や壁を提示する。ただ、ネガティブ面にスポットライトを当てる力が人よりかなり強い。そのため、ネガティブ面ばかりがセンセーショナルに際立ち「イヤなことばっか言ってる偏屈オヤジ」の色を強めている。しかしモリッシーが歌っている世界は「最悪」であればあるほど、彼の思い描く「最高」の世界の入り口を示しているように思えてならない。

ブレイディみかこ氏は著書『いまモリッシーを聴くということ』でモリッシーの詩について「くどいぐらいにネガを重ねてポジに反転させるのだ」と書いていた。卵が先かにわとりが先かという話のようだし、結論的に激しく同意なので恐縮だが、私が思っているのは、モリッシーのくどいぐらいのネガのミルフィーユの土台には、「愛」とか「平和」とか、笑っちゃうくらい素敵なものを求める心があり、すべての言動はむしろ「ポジ発」なのではないかということだ。

たとえ今の状況が最悪であろうと、自分の行動によって変えられるという前向きな自信があるから怒るし、ひるまず立ち向かい続けるのだと思う。作家の森村誠一氏は自身の随想のなかで「怒り」に関してこう書いていた。

「未来があると信じているから怒るのである」（森村誠一『老いの希望論』）

何もしなくてもどのみち同じと諦めていれば、怒りもせず黙っているだろう。自分が怒るから、行動することで変わる、開ける未来があると信じているからモリッシーも物申し続けるのだ。これはもはや、絶対的前向き姿勢だ。彼の現在の佇まいからは、「負け戦歌手」臭はしない。胸を張って行動している。自分のなかではいつも「勝ち戦」なのだ。だから「お願いだから待って。信念だけは失わないで」(「I Know It's Gonna Happen Someday」)と歌い、「未来に全部よくなったら、君が恐れているものに立ち向かえ」(「In The Future When All's Well」)と歌う。

モリッシーが80年代に、好きなオスカー・ワイルドの詩を聞かれてあげていたのは、

「俺たちゃ今はみんなドブの中だ。でもその中には星を見上げてる奴がいるんだぜ（"We are all in the gutter, but some of us are looking at the stars."）」

（オスカー・ワイルド『ウィンダミア卿夫人の扇』）

というものだった。オスカー・ワイルドも投獄されるは、破産するは、世間に見捨てられるはで、大変な一生を送ったわけだが、そんなどん底にあっても知性のポジティブなきらめきを捨てなかった。それに憧れるモリッシーも常に「あーあ、ここはドブん中だ、くそくそくそっ」とドブ水まみれの自分を歌っているようで、その目線ははるかかなたに輝く星を見上げている。「ネクラ」

ならぬ「ネポジ」だからできる技ではないか。

「絞首台のユーモア」

1988年『Melody Maker』のインタビューで、なぜソロ・アルバムに『Viva Hate（憎しみ、万歳！）』というタイトルをつけたのかと聞かれたモリッシーは、

「憎しみはそこら中にあまねく行きわたっているけど、愛を見つけるのは難しいと思っている。世界をまわしているのは憎しみなんだ」

（1988年3月12日『Melody Maker』）

と語っていた。本当に彼が探しているのは「愛」だ。しかし、見つかりもしないのに気休めなポジワードを使わず、「憎しみ」というネガワードを表にし、世に蔓延するよくないものへの括目を促すのがモリッシーだ。

「愛」と「憎しみ」と言えば、1987年、シングル「Shoplifters Of The World Unite」リリース当時の雑誌グラビアでよく、モリッシーが左右4本の指にナックル・タトゥー（第二関節から指の付け根の間に彫ったタトゥー）に模した「LOVE」と「HATE」という文字を入れてい

モリッシーが嬉しくなること10選

（2014年12月9日『PAPER』より）

1 病院のスタッフに「退院していいよ」と言われること

2 金銭的な損得に関係のない友情

3 笑って心の体操をすること

4 テレビの現場レポーターが
語気を強めて手を大袈裟に振ったりしないこと

5 誰かがふつう以上に誠実に接してくれること

6 隙あらば突っ込もうとされないで話を聞いてもらうこと

7 動物にやさしさを見せること。世の中を救うから

8 レコード会社にのたれ死にさせられた後に成功すること

9 明日は自分の思い通り無為に過ごせること

10 そこにいるだけで満足できること

る写真を見た。後に、50年代のアメリカ映画『狩人の夜』（1955年）に出てくる、偽伝道師殺人鬼ハリー・パウエルを見た時に、「彼が元祖なのか！」と知った。ハリー・パウエルはこの「LOVE」と「HATE」のナックル・タトゥーを用いた巧みな説教によって人々を騙していく。この映画では、愛と憎しみ、男と女、善と悪、昼と夜、二律背反、対比し合うものが組み合わせた手の中で一緒になる「LOVE」と「HATE」のタトゥー文字のように淡々とクールに、時にユーモラスにごちゃ混ぜになっていく。まるでモリッシーが示す光と影のコントラストのようだ。心に光があるから、対比でさらに色濃くなった真っ暗闇の暗さを、説き、見せる。モリッシーも、伝道師である。

真っ暗で極端なネガワードを出したり、露骨なまでに悪しざまに表現したりするのは、彼流の「ディスりユーモア」でもある。けちょんけちょんに言う、そうするとみんなびっくりして見る、聞く。おお、あんなひどいことを！　とよく話題になるが、それこそがねらいであり、してやったりだ。ユーモアはインテリジェンスに裏打ちされたものだ。

『Low In High School』のジャケットでは、王室の門の前に、バンドのベーシストのマンド・ロペスの息子のマックスに斧と「打倒王室」（〝AXE THE MONARCHY〟）と書いたプラカードを持って立たせている（後に「あれは自分のアイディアではない」と言っていたが、面白いからそのまま採用したのだろう）。子どもが王室にカチコミをかけなくてはならないような現実、そ

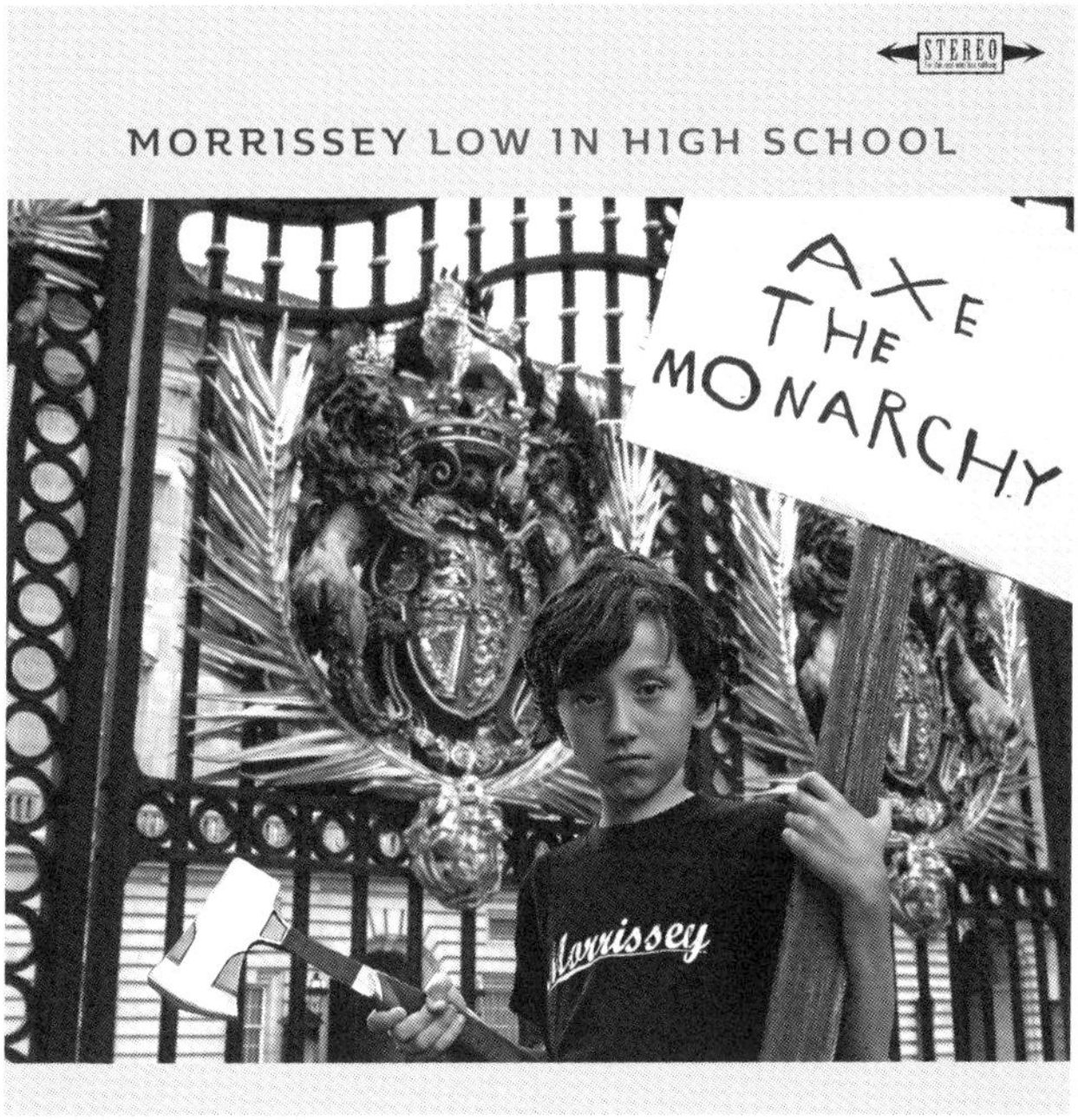

バンドのベーシスト、マンド・ロペスの息子に斧と「打倒王室」のプラカードを持たせた『Low In High School』のアルバム・ジャケット。モリッシーによると、マックスはこの役割をとても喜んでいたらしい。

んなのはあってはならない「悪い冗談」だ。あってはならないこと、口にするのもおぞましいことを、あえて表す。人が目を背けるような陰のものをわざと晒す、それがモリッシーのユーモアである。『モリッシー25ライヴ』でラッセル・ブランドはモリッシーを「信じられないくらい面白い人」と、紹介していた。コメディアンにそう言わせる歌手はなかなかいないのではないか。モリッシー自身、2015年7月の『Thrasher Magazine』のインタビューで「自分のユーモアをわかってくれる人は頭がイイ」と発言。彼のユーモアとはまるで人間としてのセンスの「テスト」だか駆け引きのようなものなのかもしれない。2014年11月のギリシャのメディア『POPAGANDA』に対するインタビューでは、「人生のすべてにおいて、ユーモア心は助けになる」と語っていた。そう言えば歌手の宇多田ヒカルも同じようなことを言っていた。

「ユーモアって、どうにもできない状況に対して唯一できること」

（2016年9月22日NHK『SONGSスペシャル』）

出口なしのふさがれた状況でも、「ユーモアでオッケーにしよう」と言える宇多田ヒカルはものすごく強い。哲学者の鷲田清一氏が『朝日新聞』の「折々のことば」（2017年12月6日）でこの言葉をとりあげており、「ユーモアの背後にはその意味で悲痛な叫びがあるが、他方でユーモアはその叫びに向けられる《理性の微笑》でもある」と、解説していた。「理性の微笑」という言葉で、頭がまたひと巡りしてモリッシーに辿りついた。いつも「ガハハハハ」ではなく、「ンふふっ」とほほ笑むモリッシーの笑顔を思い出した。

モリッシーは1989年2月18日の『NME』のインタビューで、自分の最期の歌のタイトルは文字通り「The Gallows Humor（絞首台のユーモア）」となるだろうと冗談を言っている。「死にもの狂い」で歌う歌手が好きであり、「ユーモア」と「死にもの狂い」の間には何の違いがあるのかと。

「絞首台のユーモア」とは、絞首台に立つような、絶望的な状況で発せられるユーモアのことで、中世に起源を持つと言われている。いわゆる「ブラック・ユーモア」はここから派生したと考えられていて、フロイトに引用されていることで有名だ。ある死刑囚が、月曜日に死刑執行を迎えることになった。絞首台に向かいながら、彼は「おや、今週も幸先がいいぞ」とジョークをつぶやいた。まるで「めざまし占い」で1位の星座になって「ラッキー♪」くらいの、のん気な感じだ。

この死刑囚はまさに死のうとしているのにパニックにならずに、自己を超越したまなざしでユーモアを言っている。死刑執行という恐ろしい現実を、ユーモアという剣でぶった切った、気高い威厳すら感じさせる。まわりの者は、これから死刑囚の絶望や苦痛、悲観を想像して、息をのんでおりテンションマックス。そこに「幸先いいぞ」なんて言われて、もし吉本新喜劇だったらみんなでズッコケるところだ。「おい、違うだろ！」というツッコミ可能な状態になり、皆救われる。一緒に絶望しなきゃ、嘆き悲しまなきゃという負の感情からふっと解き放たれるのだ。ユーモアには、我々がとらわれているものや価値観を破壊し、革命を起こす力がある。

どん底学校生活、歌手浪人時代、スミス解散惨劇、メディアとのディスり合戦、世の理不尽に対する激怒活動、それらすべての難所を前向きに切り抜け、今もなおモリッシーがリアルタイム・シンガーとして歌い続けられるのは、「絞首台のユーモア」のような、自分を超越して状況を面白がる視点を持ち合わせている知恵者であるからだと思う。

誰もが、苦しいこと、悲しいことだらけの人生である。でも私はモリッシーによって、それを切り抜ける力やヒントを得て、未来がある、きっと変えられるという希望を見る。それは地球まかせでも国まかせでも親まかせでもパートナーまかせでも子どもまかせでもなく、人は自分ひとり、自分しか恃みはいないという強い姿勢だ。誰かのふんどしで相撲はとれないのだ。でも強がりばかり言っていてもくじけることもあるから、モリッシーを聴いて張り切ることにしよう。モリッシーは今日もひとりひとりに、手を差し出している。

「こんなニセモノ世界に耐えられなかったら／僕の手をとって…」　――「Art-Hounds」

おわりに

この本を書きはじめた2017年秋、モリッシーの2018年のツアー日程が発表され、まわりがガヤガヤしはじめた。モリッシーファンの友人たちやイギリス在住の友人もライブに行くという知らせを受けて、私もいてもたってもいられなくなった。2月から3月にかけてアイルランド・イギリスで11日ほど。その中のいくつかに行けないか、実際に飛行機のチケットを調べて旅程を組んでいろいろと計画をしてみた。

しかしそれは2日限りのはかない夢で終わった。いろいろな事情を鑑みて、3月には日本を離

れられないことがわかったし、この本の原稿をきちんと終わらせられるのかも不確かな状況。「今しなければいけないこと」をアクションするのはモリッシーに学んだ自分のモットーでもある。私が今、いちばんにしなければならない「本分」はなにか。それを考えて、アイルランド・イギリス行きは泣く泣くやめた。負け惜しみのようだが「諦めた」という言葉は使いたくない、日本でするべきことを本気で成し遂げる、その道を「選んだ」のだ。

ほぼ実況中継のようにＳＮＳで見ることができるライブ風景を見て「ぎゃ〜、あの曲やったのか！　生で聴きたかった」とか、これからも後々、「あの時、観ていればよかった!!」と思うこともあるだろう。それでも自分が熟考して選択した道は「間違っていない」と思うために、私はモリッシーの音楽を聴いているのだと思った。自分の頭で考えて、最善のアクションをとる人になるためにモリッシーを聴いているのだ。「ああ、ライブ行きたかった、トホホホホホ」という廃人ではなく、「モリッシーＨｉｇｈ人」でありたいと改めて思った。

この本を書いている間も何度も思った。愛とは決して対象に隷属することではない、その対象に対してカッコ悪い人にならぬよう、すくっと自分の足で立って自分の力で動くことだ。モリッシーファンはよく「信者」や「患者」とも言われる。その思いと献身を表現するのにマッチした表現だとは思うが、愛しているからってその思いの下敷きになってどうする。モリッシーは「Sing Your Life」という曲で「君の人生は他人に歌われてきたけど、今度は君が輝くチャンスが来た」

と歌った。誰かの輝く姿をお手本に、自分の輝くチャンスに変換できたらめちゃくちゃ素晴らしい。好きなものの輝きの反射で輝くのではなく、自分の力で輝くのだ。モリッシーは、幼い頃からの憧れや好きな歌手と、コラボや復活劇で関わることに成功した、ファン界きっての「なりあがり」、プロファンの中のプロファン。彼がそう歌うのは説得力がある。

私は、モリッシーは「使ってナンボ」の歌手だと思っている。せっかく好きになって、30年以上もまだ好きなので、自分のために使っている。ビタミン剤とか常備薬のようなものかもしれない。自分を鼓舞し、高める存在としていまだ効能が薄れない。「生き金」という言葉があるが、まさに「生きモリ」。活用すればするほど、本当にこのアーティストのことを知って良かったと身に染みる。彼を知り、その人間や音楽を楽しむ、そんな一助にこの本がなればいい。まず聞いたことのない人は、聞いてみてほしい。

あとがきなので勢いでもうひとつ。私はモリッシーに「ウケた」ことがある。この経験は、ギャグばかり言っており、オチをつけることに常に真剣な私のアホ人生の支えにもなっている。2012年4月。仙台駅でモリッシーが来るのを待った。その時、想像よりけっこうあっさりと出会えてしまったモリッシーに「Oh God, my chance has come at last!（神様、私のチャンスがついに来た！）」とスミスの「There Is A Light That Never Goes Out」の歌詞を情感たっぷりに言ったら、「ぷぷぷっ」とウケて笑ったのだ。呆れながら、少し「かわいそうだな」という顔で私を見てくれたのは、私にとってはR－1グランプリを獲るより価値のあることだった。私のなかでのモリワングランプリ経験。

単なる極東のいちファンではあるが、ブログをはじめたことでいろいろな発見もあり、出会いもあり世界も広がった。いつの間にかこんなあとがきまで書いている。13歳の時、浅草の貸しレコード屋「友&愛」にあったレコードの『ザ・スミス』という帯の名に目を惹かれなければ、その後、山野楽器や石丸電器でレコードを見つけて買わなければ、今の自分はいなかった。その出会いが自分にもたらしたものは計り知れない。最初にレコードの針を落とした時に弾けたきらめき、モリッシーの声を聞いた時の震え、今でも忘れられない。翌日には歌詞カードをコピーしてルーズリーフに貼って、何度も何度も見て覚えた。いまだにそのルーズリーフは捨てられない。「今、モリッシーの本を書いているんだけど」と言ったら13歳の私は笑うだろう。「40過ぎた私ヤバい、頭がイカレて変なこと言ってる、ちゃんと生きよう、レコードとか買いすぎるのやめよう……」と思われるかもしれないから、もし会っても秘密にしておこう。

最後に、この本を読んでくださった皆様、どうもありがとうございました。東京モリッシー会の皆さん、いつもモリッシーのことを何でも話せるモリ友の皆さん、どうもありがとう！　一緒にいつも話していることや体験していることを勝手に励みにして書いておりました。あと大切な友だち、家族、一族郎党の皆様、いつも支えてくれて応援してくれてありがとう。２０１２年に最初に私のブログを知ってくれて以来、「いつかモリッシーの本を作りましょう」という約束を忘れないでくれたイースト・プレスの圓尾公佑さんありがとうございました！　やっと約束が実現できました。そしてモリッシー、歌い続けてくれてどうもありがとう！　またウケてもらうネタを勝手に考えておきます。近い将来の来日公演を祈願しつつ。

Now my heart is full…

2018年6月　上村彰子

モリッシーのお騒がせ年表

1959年 5月22日 生まれる。頭が大きすぎて母を殺しそうになる

1964年 セント・ウィルフレッズ小学校入学

1965年 2月5日 マリアンヌ・フェイスフルの「Come And Stay With Me」発売。テーブルの下で泣きわめいて手に入れる

1967年 母親の勧めでオスカー・ワイルドの作品に出会う

1970年 母親の影響でベジタリアンになる

地元のコミュニティー・センターで劇に出演。ステージ・デビュー

セント・メリーズ中学校入学

1971年 2月25日 部分日食を見る。祖母が「世界が終わる」と言ったが終わらず、がっかりする

1972年 6月16日 Tレックスのライブに行く

9月2日 デヴィッド・ボウイのライブに行き、入り待ちをしてサインをもらう

1973年 4月4日 学校をサボってロキシー・ミュージックのライブに行き、母が呼び出される

100メートル走と400メートル走の学校代表に選ばれる

テレビ・ドラマ『コロネーション・ストリート』にエキストラ出演。自転車に乗っている役

11月 テレビでニューヨーク・ドールズを知り、衝撃を受ける。翌日レコードを買う

モリッシーのお騒がせ年表

年	日付	出来事
1974年	6月14日	『NME』にスパークス『Kimono My House』のレビューがはじめて掲載される
		ストレットフォード・テクニカル・スクール（1年制Oレベル試験コース）入学
1976年	2月24日	マーク・ボランにサインを頼むが断られる
	6月4日	マンチェスターでセックス・ピストルズのライブを観る
	6月24日	『メロディー・メイカー』に「ラモーンズはゴミ」と題した投稿が掲載される
	夏	母親にお金をもらいニューヨークに行く。CBGBなどでライブを観る
	9月	失業保険申請
	12月23日	両親が別居、その後離婚する
1977年	2月	内国税収入庁の地下でファイル係として働くが、ラモーンズのTシャツを着て行きクビに
	12月	ビリー・ダフィーのバンドのボーカルとなる
1978年	4月15日	はじめてライブで歌う
	8月31日	パティ・スミスのライブではじめてジョニー・マー（14歳）に会う
1979年		レコード店で数か月のバイト
1980年	初頭	手術後の医者の白衣に付着する人間の内臓のかけらを落とす仕事に就くが、2週間で辞める

1982年

9月6日 同郷の友人ア・サーティン・レイシオのサイモン・トッピングが『NME』の表紙になったのを見て、1000回悲嘆死して森の中に横たわり絶命しようと思う

5月 ジョニー・マーがモリッシー宅を来訪し、意気投合

夏 ザ・スミス結成

10月4日 ザ・スミス初ライブ（観客約300人）

1983年

5月13日 ザ・スミスのデビューシングル「Hand In Globe」発売

6月 ラフ・トレードと正式契約

1984年

2月20日 ファーストアルバム『The Smiths』発売

11月12日 コンピレーション・アルバム『Hatful Of Hollow』発売

1985年

2月11日 2枚目のアルバム『Meat Is Murder』発売

6月9日 カナダのライブで前座を務めたビリー・ブラッグとジェット・コースターに乗り、気持ち悪くなる

1986年

4月26日 ラジオでチェルノブイリ原発事故速報の後にワム!の「アイム・ユア・マン」がかかるのを聴き、怒る。その経験から、「Panic」の歌詞を書く

6月16日 3枚目のアルバム『The Queen Is Dead』発売

1987年

2月23日 コンピレーション・アルバム『The World Won't Listen』発売

モリッシーのお騒がせ年表

- 3月30日　コンピレーション・アルバム『Louder Than Bombs』発売
- 8月1日　『NME』に「ザ・スミス分裂へ」の記事が掲載される
- 9月第2週　ザ・スミス解散正式発表
- 9月28日　4枚目のアルバム『Strangeways, Here We Come』発売

1988年

- 3月14日　ソロ・デビューアルバム『Viva Hate』発売
- 9月5日　ライブ・アルバム『Rank』発売
- 12月22日　ウォルバーハンプトンで初のソロ・ライブ

1990年

- 10月15日　コンピレーション・アルバム『Bona Drag』発売

1991年

- 2月　デヴィッド・ボウイにティン・マシーンの「Goodbye Mr. Ed」をカバーしてくれと頼まれるが、ピンとこないので断る
- 3月5日　2枚目のアルバム『Kill Uncle』発売
- 6月2日　ロス・アンジェルスのライブのアンコールに、デヴィッド・ボウイ出演。「Cosmic Dancer」をデュエット
- 8月27日〜9月3日　初来日（5日間・5か所）

1992年

- 7月27日　3枚目のアルバム『Your Arsenal』発売

1993年

- 5月10日　ライブアルバム『Beethoven Was Deaf』発売

1994年

3月14日　4枚目のアルバム『Vauxhall And I』発売
ジェイク・ウォルターズとレストランで会い、2年間の「親密な関係」をはじめる

1995年

2月6日　コンピレーション・アルバム『World Of Morrissey』発売

8月28日　5枚目のアルバム『Southpaw Grammar』発売

11月　デヴィッド・ボウイのツアーにゲスト参加。途中で辞める

12月13～17日　2度目の来日（4日間・4か所）。12月15日、池袋HMVでサイン会

1996年

元スミスのマイク・ジョイスに印税未払い訴訟を起こされる。ジョイスは勝ち、約1億8千万円ゲット

1997年

8月11日　6枚目のアルバム『Maladjusted』発売

9月8日　コンピレーション・アルバム『Suedehead: The Best Of Morrissey』発売

1998年

9月15日　コンピレーション・アルバム『My Early Burglary Years』発売

2002年

8月17～18日　サマーソニック・フェスティバル出演（大阪・東京）

2004年

5月17日　7枚目のアルバム『You Are The Quarry』発売

6月16日　ニューヨーク・ドールズのメルトダウン・フェスティバルにおける一夜限りの再結成に尽力する

8月1日　「フジロックフェスティバル'04」のトリ出演をドタキャン

モリッシーのお騒がせ年表

2005年

3月29日　ライブアルバム『Live At Earls Court』発売

2006年

4月3日　8枚目のアルバム『Ringleader Of The Tormentors』発売

2007年

8月　「ザ・スミス名義で50公演・ギャラ約75億円」の再結成ツアー要請を拒絶

9月20日　メキシコのティファナのライブの後、誘拐されそうになる

11月28日　『NME』の記事で人種差別主義者扱いをされる

12月　マンチェスターのサルフォード・ラッズ・クラブ修復のために約300万円の寄付

2008年

2月11日　コンピレーション・アルバム『Greatest Hits』発売

4月25日　反ナチズムや反人種差別を掲げる音楽イベント団体「ラヴ・ミュージック・ヘイト・レイシズム」に約347万円の寄付

9月　ジョニー・マーと10年ぶりに再会

10月21日　ラジオで自伝を書きはじめたと明かす

2009年

2月16日　9枚目のアルバム『Years Of Refusal』発売

5月22日　マンチェスターで50歳記念ライブを行う

9月　アンディー・ルークに対する「はがき1枚でザ・スミス解雇」を否定

9月　ジョニー・マーが「モリッシーとはメル友」と明かす

2010年

10月10日 元ニュー・オーダーのピーター・フックに「まぬけ」とディスられる
10月24日 スウィンドンのライブ演奏中に呼吸困難で倒れ、病院に搬送される
10月26日 コンピレーション・アルバム『Swords』発売
11月7日 リバプールのライブで客席からの投入物が頭に当たって怒り、2曲目で帰る
11月17日 ハンブルグのライブで侮蔑的な言葉を発した観客を追い出す
9月4日 『Guardian』の表紙で頭に猫を乗せる。
中国の動物虐待を批判し、中国人を「変種」と表現して批判される

2011年

1月 「コーチェラ・フェスティバル」に約6億円で再結成出演オファーの噂が出る
4月 自伝を書き終える
4月25日 コンピレーション・アルバム『Very Best Of Morrissey』発売
4月27日 ウィリアム王子とケイト・ミドルトンの結婚式を控え、王室を「税金泥棒」と批判
6月24日 「グラストンベリー・フェスティバル」出演。サッカー選手ジョーイ・バートンを楽屋に招待
7月 イギリスで犬に噛まれて骨折
7月8日 ミドルズブラのライブから、会場肉類持ち込みチェックを開始
7月24日 ワルシャワでのライブ中に、「ノルウェー連続テロはマクドナルドやケンタッキーの動物虐殺と比較すれば、どうってことない」と発言

2012年

3月4日　ブエノスアイレスのライブで、反英王室スローガンTシャツをメンバー全員に着用させ、フォークランド紛争に言及

4月19日〜5月3日　ジャパン・ツアー2012（9日間・8か所）

5月　ユニクロ柳井社長に、「オーストラリア産羊毛を使わないで」と手紙を送る

6月1日　「55歳で引退する」とほのめかす

6月12日　2007年の「モリッシーの人種差別でっちあげ記事」に関して『NME』が謝罪。名誉棄損の訴えを取り下げる

7月21日　イスラエルのテルアビブで、名誉市民に選ばれる

9月23日　ニューヨークの書店で、倒れた老婆を助ける

2013年

1月　アメリカで入院。震盪と潰瘍性出血、逆流性食道炎の診療を受ける

2月　シングルのアートワークに、デヴィッド・ボウイとのツー・ショット使用を断られる。結果、リック・アストリー起用

3月2日　ロス・アンジェルスのハリウッド高校で、ソロ歌手生活25周年記念ライブ

3月15日　両側性肺炎も起こし、ドクター・ストップを受けるも引退説は否定

5月22日　英デパート、フォートナム&メイソンに対して、「フォアグラ販売禁止」の声を上げるようファンに呼びかける

7月7日　ペルーのレストランで食中毒。9分間死亡状態になりイギリスに帰る

7月　料理番組の楽曲無断使用に関する訴訟に勝利。約150万円の賠償金を動物愛護団体PETAに全額寄付

8月23日　ソロ歌手生活25周年を記念して、ライブ・ビデオ『Morrisey25 :Live』発売（英国）

10月17日　自伝『Autobiography』刊行。発売1週間足らずで3万5千冊が売れ、英国のベストセラー・ランキング1位に。キース・リチャーズを凌ぎ、ミュージシャン自伝の最速セールス新記録

10月19日　自身のセクシャリティーを「ヒューマセクシャル」と明かす

11月2日　ロス・アンゼルスで脳震盪及びムチウチの治療を受け退院

11月28日　サンクスギビング・デイのオバマ大統領のパフォーマンスを批判

12月11日　ノーベル平和賞コンサートで、ルー・リードの「Satellite Of Love」を含め3曲を披露。履いていた太いズボンが話題になる

2014年

1月　小説執筆に取りかかっていることを明かす

5月14日　ツイッターではじめてつぶやくが、その後「このつぶやきはニセモノだ」と明言

6月10日　ライブの前座に起用したクリスティーン・ヤングの風邪がうつり入院（ヤングは否定）

7月15日　5年ぶりにレコード会社と契約。10枚目のアルバム『World Peace Is None Of Your Business』発売

モリッシーのお騒がせ年表

2015年

8月　ハーヴェスト・レコードとの契約を1作で解消

10月6日　がん細胞切除の治療を4回受けたことを明かす

11月28日　選曲を手掛けたラモーンズのベスト・アルバム『Morrissey Curates The Ramones』発売

7月17日　サンフランシスコ空港で、セキュリティに股間をまさぐられるセクハラを受ける

8月17日　ヴィーガンになったことを明言。またバレット食道の治療を受けたことを明かす

9月　オーストラリア政府の「野良猫200万匹駆除」を批判

9月24日　処女小説『List Of The Lost』刊行。酷評を浴びる

11月　小説『List Of The Lost』が「フィクション作品における、たちの悪い性描写の一節」を表彰する「バッド・セックス・アウォード」を受賞

2016年

2月　「シュプリーム」のフォトTシャツのアイコンに起用されるが、揉める

4月6日　ザ・スミス名義のツイッター・アカウントに関して「フォローは自己責任で」と勧告

5月　ロンドン市長選に動物福祉党候補としての出馬を考えるがやめる

9月28日〜10月2日　ジャパン・ツアー2016（3日間・2か所、横浜公演キャンセル）

2017年

5月22日　マンチェスターで起きたテロに対する首相らの対応を批判

7月4日　ローマで警官に銃を取り出され、怒鳴られる。全イタリアツアーをキャンセル

9月15日　ツイッターにアカウント開設。19日、はじめてつぶやく（オフィシャル情報）

11月5日　カリフォルニアでのライブを、寒すぎることを理由に延期

11月10日　ロス・アンジェルス市長より「モリッシーの日」を制定される。同日ライブを行うハリウッド・ボウルは完全ベジタリアン仕様に

11月17日　11枚目のアルバム『Low In High School』発売

11月20日　独『デア・シュピーゲル』インタビューでの、セクハラ問題やトランプに関する発言で波紋を呼ぶ

12月　ファッション誌『GQ』が選ぶ「ワースト・ドレッサー」5位に選ばれる

12月28日　数々の批判に対してYou Tubeで約8分のメッセージ動画公開。「トランプにまつわる発言報道のせいでシークレットサービスに尋問された」と明かす

2018年

3月28日　自身のウェブ・サイト『Morrissey Central』開設。情報発信をはじめる

4月17日　愛猫の写真を初公開

6月6日　パン、ポテト、パスタ、ナッツしか食べず、カレー、コーヒー、ニンニクは一度も口にしたことがないと明かす

私の好きな「ザ・スミス」ソング5選

♫ Miserable Lie（『The Smiths』）

「愛なんてみじめな嘘」というフレーズがかっこよくて、13歳で最初に好きになったスミスの曲。当時入会した「ザ・スミスファンクラブ」の会長さんも好きと言っていた。歌詞に出てくるマンチェスターの「ワーリー・レンジ」に憧れ、20歳の時に地元の失業者に連れていってもらった。何もなかった。

♫ I Want The One I Can't Have
（『Meat Is Murder』）

よくモリッシーの「メェンタリティィ〜〜〜」という歌い方を真似する。「手に入れられないものが欲しい」とは、人間の欲望の真理を突いている。ソロになってからのモリッシーが、疾走するギターに合わせ欲望の斧を振り下ろすように唸るのを聴くと「やる気」が出てくる。

♫ That Joke Isn't Funny Anymore
（『Meat Is Murder』）

中学生の時から、「自分のお葬式の出棺の時にかけてもらいたい歌」ナンバー・ワン。「笑いたいけど笑えない」と、まるでこの世の向こう側から響いてくるかのようなモリッシーの声が美しくてたまらない。後から、この歌詞の根底にも、モリッシーのメディアに対する不満があると知った。

♫ I Know It's Over（『The Queen Is Dead』）

モリッシー版「おふくろさん」ソング。「母さん、土が頭の上に降ってくるのがわかる」と、孤独を可視化するモリッシー技。単調でいて、マーのギターも頭にかかる土のように降り積もってくる。悩み多き青春時代、自分に何度も何度も、「なんで今夜ひとりなの」と質問攻めにしてきた。

♫ Death Of A Disco Dancer
（『Strangeways, Here We Come』The Smiths）

ドラッグで死んだディスコ・ダンサー。この歌が歌われてから40年近くたっても、素敵な「愛と平和とハーモニー」なんて訪れないし、「多分来世」と投げやりに歌うモリッシーは予言者のようだ。モリッシーが弾く不穏な響きのピアノも聴くことができる。

私の好きな「モリッシー」ソング5選

♫ Speedway（『Vauxhall And I』）

若い頃にさらっときれいに歌っているスタジオ録音のものより、最近のモリッシー・バンドの荒々しい演奏に合わせて「ためとリリース」を繰り返して歌うのが好き。ハンマーを打ち下ろすような激しさ、「フォエバッ!」というブレイク後の静けさ。ふたつの両極端を行ったり来たりの歌い姿は、まさにモリッシーそのもの。

♫ Black Cloud（『Years Of Refusal』）

モリッシーがずっとテーマにしてきた渇望、「欲しいものが手に入らない」ことを歌っている。こんなにそばにいる、何でもできる、なのに君を「自分のもの」にすることだけはできないと、まるで不吉な黒雲に乗ってイヤなお告げをしにくる神様のように、すごい形相で朗々と歌い上げるのを見るのが爽快。モリッシーにはきれいごとが皆無。

♫ Action Is My Middle Name
（「The Last Of The Famous International Playboys」(Reissue) B面）

ひと目タイトルを見た時から好きになり、座右の銘にしようと決めた（アメリカ人歌手ボビー・ヴィントンの「Trouble Is My Middle Name」からとったタイトルか）。頭の中で考えるだけとか、ネットを見て知った気になるとか、何もしてないのに何かをやった気になることなら、誰にでもできる。限られた時間しかないんだ、まずやってみろと、モリッシーに背中を押される1曲。

♫ Forgive Someone
（『World Peace Is None of Your Business』 Deluxe Edition bonus tracks）

ボートラという地味な位置づけながら、美しい旋律、映画のような歌詞の名曲。「僕らの真実は、墓場まで持っていく」という歌詞が泣ける。「誰かを許すことはできるか」という問いかけはモリッシーの自問であり、聴くものへの提案にも思えてくる。あんなにいろいろと怒っているが、本当はもうすべてを許しているから、こんな歌を歌うのかも。

♫ My Love, I'd Do Anything For You（『Low In High School』）

モリッシーのアルバム1曲目はだいたい好きなのだが、この大袈裟なはじまり方が特に好き。ローマのスタジオにバンド・ギタリストのジェシーを閉じ込めて録った悲鳴が入っている。モリッシーお約束の「ヘンな声の楽器づかい」がおもしろい。ライブでは「ヘイヘイヘイヘイ」とまるで演歌のようにドスを効かせて強く歌っていてワクワクする。

参考文献

Kevin Cummins, *The Smiths In Quotes*, Babylon Books, 1985

John Robertson, *Morrissey: In His Own Words*, Omnibus Press, 1988

David Bret, *Morrissey: Landscapes Of The Mind*, Carroll & Graf Publishers, 1995

Mark Simpson, *Saint Morrissey: A Portrait of This Charming Man by an Alarming Fan*, Touchstone, 2005

Len Brown, *Meetings With Morrissey*, Omnibus Press, 2009

Phill Gatenby, *Morrissey's Manchester: The Essential Smiths Tour*, Empire Publications, 2009

Simon Godard, *Mozipedia: The Encyclopedia of Morrissey and The Smiths*, Ebury Press, 2009

Johnny Rogan, *Morrissey & Marr: The Severed Alliance 20th Anniversary Edition*, Omnibus Press, 2012

Morrissey, *Autobiography*, Penguin Classics, 2013

Tony Fletcher, *A Light That Never Goes Out: The Enduring Saga of The Smiths*, Windmill Books, 2013

Simon Godard, *Songs That Saved Your Life: The Art of The Smiths 1982-87*, Titan Books, 2013

D. McKinney, *Morrissey FAQ: All That's Left To Know About This Charming Man*, Backbeat Books, 2015

Johnny Marr, *Set The Boy Free*, Century, 2016

ミック・ミドルズ『ザ・スミス・ストーリー 心に茨を持つ少年』CBS・ソニー出版、1988年

中川五郎訳『モリッシー詩集』シンコー・ミュージック、1992年

ジョニー・ローガン『モリッシー&マー 茨の同盟』シンコー・ミュージック、1993年

増井修編集『もう誰にも語らせない。ザ・スミス写真集』ロッキング・オン、1994年

スローガン編集　今井スミ執筆主幹『ザ・スミス・ファイル』シンコー・ミュージック、2003年

ブレイディみかこ『ザ・レフト—UK左翼セレブ列伝』Pヴァイン、2014年

ブレイディみかこ『いまモリッシーを聴くということ』Pヴァイン、2017年

ジョニー・マー『ジョニー・マー自伝 ザ・スミスとギターと僕の音楽』シンコー・ミュージック、2017年

本書への推薦コメント（全文）

モリッシーという茨をいまだ心に刺して生きるすべての人に

モリッシーの自伝が翻訳されていると聞いた時、いったい誰がそんな無謀な仕事を……と思ったが、その張本人が書いた本作を読み、納得した。ついでに笑い、涙した。モリッシーには何かと泣かされるが、いっぺん刺さると彼は抜けない。お騒がせモリッシーの真意はどこにあるのか、どうしてそう考えるに至ったかをひたむきに論じた本だ。モリッシーという茨をいまだ心に刺して生きるすべての人に読んでほしい。

――ブレイディみかこ

お騒がせモリッシーの人生講座

2018年7月20日　初版第1刷発行

著者　上村彰子《かみむらあきこ》

イラスト　長場雄
ブックデザイン　勝浦悠介
編集　圓尾公佑

写真　Getty Images

発行人　堅田浩二
発行所　株式会社イースト・プレス
東京都千代田区神田神保町2-4-7久月神田ビル
TEL:03-5213-4700
FAX:03-5213-4701
http://www.eastpress.co.jp

印刷所　中央精版印刷株式会社

ISBN978-4-7816-1694-0